上海市青少年体育协会指导编写

亲子运动游戏

刘继勇 陆大江 主编

復旦大学出版社

前言

亲子运动助力孩子全面成长

在当今这个由摩尔定律驱动的年代,全社会都越来越关注孩子的养育与成长,关注孩子的身心发展。在国家层面,家庭教育立法提上了议事日程,体育成为学校的主课之一。对于每一个家长,我们需要了解孩子成长的规律是什么?在每天繁忙的事务中,我们需要知道怎样参与孩子成长的过程?

一、孩子成长的规律

孩子的成长是有规律的,家长需要在适当的时期,做好恰当的事情。

- **"三岁看大、七岁看老"**

这是中国的一句老话,但特别准确地指出了一个人成长的关键时期。在这个时期对孩子未来的身体发育、心智塑造,乃

至一些习惯的养成都是至关重要。这个时期我们把事情做对了,产生的效果就事半功倍,否则,未来就要付出数倍的努力。

- **"玩好"是改善孩子生活习惯的最佳切入点**

儿童日常生活是围绕这样一个循环:吃好、睡好、玩好。这三者都做好了,孩子的日常生活就会进入良性循环。否则,容易进入一个恶性循环:吃饭要喂、晚上睡不着、玩耍没有兴致。理顺这个循环最好的切入点是"玩好",有的家长称之为"放电",也就是运动。孩子运动好了,吃饭胃口就好、晚上也睡得香,第二天精神饱满,玩起来也会精力充沛。

- **不容错过的"运动敏感期"**

生物学家德·弗里在研究动物成长时,首先使用敏感期一词。后来,蒙台梭利发现儿童的成长也有类似的现象。科学家们进一步将其延伸到了运动敏感期。在身体内某些系统成长的敏感期,孩子进行某些运动会感到特别兴奋,相应的,这方面的运动能力也会提升得特别快。过了这个敏感期做同样的运动,运动能力则很难达到同样的提升效果。

儿童时光稍纵即逝,亲子运动值得家长的特别重视和参与。

二、亲子运动的价值

亲子运动是家长和孩子一起参与的运动,有别于专业的幼儿运动，也不同于平时参与的亲子活动。亲子运动可以为孩子的成长产生多方面的价值。

- 亲子运动集游戏娱乐与运动锻炼于一体

对于孩子而言，运动即游戏。好玩是亲子运动的第一要务，亲子运动的趣味性应强于竞技性。亲子运动不是运动员训练，不须强调运动强度，也无须关注运动动作的标准到位。亲子运动的作用更加体现在孩子的乐趣上。进入运动状态后，孩子的运动强度会超出预想，完全可以起到强身健体的作用，减少生病的几率。

- 亲子运动建立良好的亲子关系、塑造孩子健康心智

亲子运动是孩子和自己的父母一起玩，和父母有肢体的接触，能使孩子获得安全感和关爱。亲子运动中，孩子对身边环境感到稳定、安全，知道自己是被保护的，从而不会过分焦虑、恐惧，这对孩子的健康心智发展尤为重要。可以说，亲子运动是最好的陪伴。

家长和社会可以怎样开展亲子运动？

三、亲子运动的实践

亲子运动对时间、场地、道具的要求都不高。场地可以是正规的运动场，也可以是公园草地、社区里弄，甚至是家里的客厅、卧室。道具可以用专业器具，也可以就地取材，废物

利用。这里,家长既是运动参与者,也是教练、啦啦队以及后勤支持。当然,家长也是亲子运动最重要的受益者。

本书从科学的角度,介绍了120例亲子运动游戏。这些游戏是从"大社区亲子运动"微信公众号的"每日亲子运动十分钟"中精选出来的。在近些年参与"大社区亲子运动"的众多亲子家庭中,我们见证了一大批的孩子,从起初的弱小、害羞、胆怯,慢慢变得快乐、阳光、自信,充满活力!

亲子运动的关键点是父母的参与,并持之以恒。建议家长每天陪孩子运动十分钟。2020年新冠肺炎疫情期间,让世人回归到生活的本质,对事物产生重新的认识。当电子玩具、虚拟技术充实着家庭的角角落落时,我们更加珍惜生命的珍贵、更加珍惜孩子的未来。

期待家长们重视孩子的运动,坚持陪伴孩子一起运动。让孩子拥有快乐的童年,在快乐中健康成长!

谨以此书献给中国家长。

使用说明

儿童的运动，可以主要概括为大运动和精细运动。大运动包括跑、跳、投、爬、走、坐、站、蹲、翻等等；精细运动则包括幼儿手、脚、口、舌等部分的小动作，如手指的捏合、上下颚的咬合。大运动和精细运动都是属于复杂的协调性动作，受神经中枢、运动中枢共同支配。

除了走、跑、跳、投、钻、爬、攀登等基本动作技能外，身体外部形态、基本身体素质、持续参与运动的心肺耐力、实现游戏活动中的技能熟练度和集体合作活动中的心理能力等都是运动能力的综合表现。依据各类运动游戏对儿童身体发展的侧重，本书将其归为四类：走、跑、跳类游戏；投、拉、压类游戏；攀、爬、钻、滚类游戏；综合平衡协调感统类游戏。

运动游戏对儿童发展的益处体现在诸多方面，本书将聚焦其中的三个主要方面，即增高、减脂、防近视。

增高： 运动游戏对儿童增高的作用，主要是通过跳跃、抗阻、拉伸运动来体现。

减脂： 运动游戏对儿童减脂的作用，主要是通过跳跃、有氧、抗阻运动来体现。

防近视： 运动游戏对儿童防近视的作用，主要是通过眼球超速运动来体现，滚球、拍球、互相抛接球，都是对眼睛非常有益的运动。

"增高""减脂""防近视"后都标了星号(★)，★★★★★表示效果好；★★★★表示效果良；★★★表示效果一般；★★表示效果小；★表示无效果。

在游戏中，我们建议：效果好与效果良的要保持目前游戏状态；效果一般的要适当增加训练；效果小的要加强锻炼，针对不同的身体状况选择游戏；无效果的要结合专业人士的建议，选择其他的游戏形式。

目录

第一章　运动与儿童发展　　　　　　　　　/001

第二章　走、跑、跳类游戏　　　　　　　　/015

第三章　投、拉、压类游戏　　　　　　　　/051

第四章　攀、爬、钻、滚类游戏　　　　　　/077

第五章　综合协调平衡感统类游戏　　　　　/105

第六章　学龄前儿童体质测试　　　　　　　/145

运动游戏索引

走、跑、跳类游戏

01 托球看字	/ 017
02 青蛙跳荷叶	/ 018
03 抓气球	/ 019
04 细胞大作战	/ 020
05 你抽我跳	/ 021
06 夹物并脚跳	/ 022
07 猫捉老鼠	/ 023
08 青蛙转圈圈	/ 024
09 袋鼠跳跳跳	/ 025
10 托球疾行	/ 026
11 魔术棒跳跃	/ 027
12 躲避大炸弹	/ 028
13 接雪花	/ 029
14 亲子交叉跳	/ 030
15 双脚转向跳	/ 031
16 双人花样夹球走	/ 032
17 踩尾巴	/ 033
18 小鸭学步走	/ 034
19 两人三足	/ 035
20 魔毯飞人	/ 036
21 快乐小跳蛙	/ 037
22 保卫地球	/ 038
23 交接棒	/ 039
24 堆塔游戏	/ 040
25 闯山沟	/ 041
26 丢手绢	/ 042
27 花样跳远	/ 043
28 双人顶膝	/ 044
29 赶小猪游戏	/ 045
30 飞越书山	/ 046
31 夹物进桶	/ 047
32 蒙眼找鞋	/ 048
33 尾巴争夺战	/ 049

投、拉、压类游戏

01 追踪筋斗云	/ 053
02 小丑竞技	/ 054
03 双人拍毽子	/ 055
04 瓶盖保龄球	/ 056

05 魔力小短绳拔河	/ 057	
06 木头推推推	/ 058	
07 发射炮弹	/ 059	
08 地面篮球	/ 060	
09 立竿见影	/ 061	
10 鲤鱼跃龙门	/ 062	
11 谁的马力足	/ 063	
12 快乐掂气球	/ 064	
13 导弹发射	/ 065	
14 投射大比拼	/ 066	
15 最佳守门员	/ 067	
16 转圈圈投掷	/ 068	
17 花样拔河	/ 069	
18 导弹拦截	/ 070	
19 抛接球	/ 071	
20 捕捉小蝴蝶	/ 072	
21 小鸟回家	/ 073	
22 快乐卷卷卷	/ 074	
23 豌豆射手	/ 075	
24 鹿角套圈	/ 076	

攀、爬、钻、滚类游戏

01 树洞脱逃	/ 079
02 毛毛虫	/ 080
03 蝉翻树	/ 081
04 平衡的猫步	/ 082
05 孵小鸡	/ 083
06 树和树懒	/ 084
07 好大的口气	/ 085
08 爬爸爸山	/ 086
09 大头对小头	/ 087
10 连体蜘蛛侠	/ 088
11 匍匐前进	/ 089
12 穿越火线	/ 090
13 树袋熊	/ 091
14 膝盖山大挑战	/ 092
15 骑马打仗	/ 093
16 亲子蜘蛛爬	/ 094
17 推土机	/ 095
18 悬空螃蟹爬	/ 096
19 旋转大风车	/ 097
20 赛龙舟	/ 098
21 俯卧登山	/ 099
22 搬书游戏	/ 100
23 直线自由滚	/ 101
24 绳索救援	/ 102
25 蜘蛛捕食	/ 103

综合协调平衡感统类游戏

01 脚斗士游戏	/ 107

02	连环钻钻钻	/ 108	21 金鸡独立	/ 127
03	魔力小短绳练操	/ 109	22 马车驾驾驾	/ 128
04	我的小长腿	/ 110	23 一飞冲天	/ 129
05	搬石头过河	/ 111	24 海盗船	/ 130
06	移动篮筐	/ 112	25 抓娃娃	/ 131
07	波比跳	/ 113	26 膝盖撑地击掌	/ 132
08	足足相传	/ 114	27 传送带抛接球	/ 133
09	穿针引线	/ 115	28 自动雨刮器	/ 134
10	萝卜蹲	/ 116	29 旋转飞毛腿	/ 135
11	虎口夺食	/ 117	30 横扫千军	/ 136
12	小心地雷	/ 118	31 摇小船	/ 137
13	小矮人争夺战	/ 119	32 大鹏展翅	/ 138
14	地板乒乓球	/ 120	33 接住反弹球	/ 139
15	石头、剪刀、布	/ 121	34 滚滚保温杯	/ 140
16	愿者上钩	/ 122	35 亲子夹物机	/ 141
17	平板射门	/ 123	36 负重深蹲	/ 142
18	传递小球	/ 124	37 魔术棒对抗	/ 143
19	鲤鱼摆尾	/ 125	38 找准时机	/ 144
20	飞机起飞	/ 126		

第一章

运动与儿童发展

第一节 运动促进儿童身心发展

一、运动对儿童青少年身体各器官系统的作用

运动对脑神经系统、心血管系统、呼吸系统、运动系统、消化系统和免疫系统产生积极健康的影响,规律性身体活动具有降低疾病风险、提高免疫功能、促进体质健康的作用。

（一）促进儿童大脑和神经系统的发育

运动能增加人体大脑毛细血管数量,促进大脑神经元之间建立永久链接,提高儿童身体调节、平衡、反应、灵敏度、运动技巧、大小肌肉的发育水平,真正促使儿童们"四肢更发达、头脑更聪明"。

体育运动的竞赛与游戏活动都需要参与者具有较强的竞争意识,以及勇于探索和改革创新、积极进取的精神与能力,在体育运动中,可以激发儿童的积极进取意识。同时,体育运动可以加强人与人之间的交流合作,增加对社会各方面的接触和了解,从而利于培养儿童处理各种人际关系的技能和技巧,发展其社会适应能力。运动中的不断尝试和调整身体活动,如跑、跳、投、走等活动,需要大脑不断接收外来的刺激信息,并做出判断,发出调整指令使动作更协调,如此反复,便促进了脑细胞的发育,从而促进儿童智力发育和培养创新精神。

（二）改善心血管系统功能

体育运动可使心脏机能改善，心肌发达。体育锻炼时，全身血液循环加快，心脏和全身的供血状况改善，使心肌得到更多的营养物质，心肌纤维逐渐增粗，心壁增厚，使心脏具有更大的收缩力。对增强心血管机能起着积极作用。体育运动还可以改善和提高大脑及中枢神经系统的功能。普通人的心跳频率为70～80次/分钟，经常从事体育活动的人心跳频率为50～60次/分钟，优秀运动员的心跳频率甚至为40次/分钟，这是因为运动员的心脏每搏一次输出血量就增加。减少心跳频率能满足全身代谢的需要，心跳频率的减慢可以使身体各机能得到更多的休息时间。轻度运动时，在运动负荷相同的条件下，经常运动的人的血压变化幅度也比普通人小，且不易疲劳，恢复较快，这种现象称为心脏工作室的"节省化"现象。而且经常参加体育运动的人，在剧烈运动时心脏机能可提高到较高水平，这是由于经常进行体育锻炼，使得心肌增强、心脏增大、收缩力提高。因此，进行剧烈运动时能迅速发挥心脏机能，达到普通人所不能达到的高水平。

（三）改善呼吸系统功能

体育运动可使呼吸肌力量增加。人体在安静吸气时膈肌收缩而下降，肋间外肌收缩上提肋骨，使胸廓扩大，胸腔内的负压增加，空气经呼吸道进入肺内。呼气时，膈肌松弛而上升，肋间外肌舒张，肋骨下降，使胸廓缩小，负压减少，将废气经呼吸道排出体外，改善了心、肺构造。使安静时频率变慢，肺活量增大，呼吸深度加深,肺通气量增大。

(四)提高运动系统功能

体育运动可促使人体新陈代谢旺盛、肌肉中的毛细血管开放数量增多、血流量增大,肌体内血液营养物质的吸收与贮存能力增强,肌纤维增粗,肌肉体积增大。另外,由于肌肉结构的变化,酶的活性增强以及神经调节的改进,导致机能的提高,表现为肌肉收缩力量大、速度快、弹性好、耐力强。

体育运动可促进人体新陈代谢得到改善,以及骨的结构和功能发生变化,表现在骨密质增厚、骨骼变粗,从而使儿童青少年骨长度生长速度加快,对其身高的生长发育有着积极促进作用。因此,经常参加锻炼的学生比不锻炼的学生身高要高。

体育运动可增强关节周围的肌肉和韧带的力量及柔韧性,从而加固关节。由于有目的地进行各关节活动使柔韧性提高,韧带、肌肉的伸展性就得到了改善,从而扩大了关节运动的幅度,增强了关节的牢固性,减少了各种外伤和关节疾病。

(五)改善消化系统功能

体育运动对增强消化系统功能有很好的作用,它能加强胃、肠道蠕动,促进消化液的分泌,加强胃、肠道的消化和吸收功能。运动还可以增加呼吸的深度与频率,促使膈肌上下移动和腹肌较大幅度地活动,从而对胃、肠道起到较好的按摩作用,改善胃、肠道的血液循环,加强胃、肠道黏膜的防御机制,尤其对于促进消化性溃疡的愈合有积极的作用。

（六）提高免疫系统功能

体育运动还能提高机体的免疫功能，如运动通过调控神经内分泌机能，对免疫系统起双向调节作用，可使短期内外周血中免疫细胞增加，从而达到防病治病、延年益寿的效果。只要是合理的运动都可以提高免疫力，增强体质。人体每天都会产生大量新鲜细胞，也会淘汰一些细胞，运动会使人体新陈代谢加速，从而使病态或"半死不活"的细胞加速消耗。同时肌肉也有记忆功能，只要不断重复运动，肌肉和器官都会按照成长的轨迹改变。比如，如果光脚走路，一段时间之后，脚底就会长老茧，这就是肌肉、皮肤为了适应环境而发生的改变。

二、运动能提高儿童的环境适应性

体育运动是社会环境的产物，体育运动系统要保持自身的存在和发展，必然要协调身体各系统与周围环境的关系，在坚持体育运动系统自身特色的基础上适应环境、融入环境，才能发挥体育运动促进健康的作用。人体在运动时，机体要做功，肌肉在代谢过程中会产生大量的热量，且比安静时高出数倍，所产生的热量通过皮肤蒸发、传导、对流等方式散发到运动环境和自然环境中，加快了身体产热、散热过程。同时，运动时人体也体验着不同气候、环境以及体温变化对代谢所产生热量的调控，改善了机体固有的防御能力和适应自然环境变化的耐受能力。

儿童在运动中由于处在各种环境的变化中，能够改善情绪低落、紧张、焦虑、害怕、胆怯、不合群、注意力不集中等"不适应症"。接触不同的人际环境,如参加亲戚朋友聚会,在与不同群体小朋友的游戏中,可促使儿童较快适应新的人际关系,适应陌生环境,改善自理能力,增强心理承受能力,提高环境适应性。

三、运动促进儿童心理健康

（一）增强自信心

参加体育锻炼的个体在运动过程中,由于受到锻炼的内容、难度、达到的目的、与其他参加锻炼的个体的影响,不可避免地会对自己的行为进行自我评价,而个体主动参加体育锻炼一般都会促进积极的自我知觉。中等强度的有氧训练可使有氧素质和应付应激的自我感觉能力有大幅度的提高,并能增加幸福感。自信心是个体对自己成为胜任者能力的确信,个体所参加的体育锻炼绝大多数是根据自身兴趣、能力等因素选择的,并且一般都能很好地胜任锻炼的项目,这有助于增强个体的自信心。

（二）提高社会交往能力

运动有助于儿童摆脱"自我中心",促进亲社会行为的发展。运动游戏和体育活动会促使儿童在运动中调整已有的观念以了解他人的观点,逐渐学会各种社会交往技巧,包括合作性与竞争性技巧,形成友爱、合作等良好行为习惯。从而丰富社会认知,强化社会情感,提升自信心,促进复杂的心理和认知发育,提升社交能力及公平竞争意识等。

（三）磨炼意志

意志品质是指一个人的果断性、坚韧性、自制力以及勇敢顽强和主动独立等精神。体育运动具有强烈的竞争性和对抗性，表现在实现目的（如射门、冲刺、投篮等）过程中，往往会受到来自对手、环境、生理、心理等多方面的挑战和阻碍，要战胜这些挑战和阻碍，就需要参加者有坚毅果断、不畏艰难、勇于进取、坚韧不拔的精神品质。在体育比赛中，往往会出现势均力敌、大起大落、裁判不公、观众起哄及混乱冲突等现象，这就要求参加者能善于控制自己的情绪，调节自己的行为，以社会道德规范和运动员行为准则来约束自己，这对培养人的胜不骄、败不馁、奋发进取的精神和沉着、克制的品质有着积极作用。儿童在体育运动中也将受到竞争氛围的影响，对其意志的培养有一定的作用。

四、运动改善儿童身体素质

运动有利于促进儿童身高增长、肌肉强壮、心肺功能良好、神经系统正常、身体素质提高等。体育运动可增强儿童的有氧能力、肌肉力量、柔韧素质，可提高其身体协调能力、反应力，塑造体形。衡量身体素质的指标由力量、耐力、柔韧性组成，而体育运动是提高身体素质的重要手段。力量是指机体某部分肌肉的爆发力；柔韧是指人体关节活动幅度的大小以及韧带、肌腱、肌肉的弹性和伸展能力；耐力是指人体长时间工作或运动时克服疲劳的能力。

第二节 身体活动

一、身体活动概述

身体活动指人体的能量消耗量高于其在安静状态时的能量消耗量的所有活动,既包括运动,又包括生活活动。

运动(健身运动)指在身体活动中,有计划、有意识地以维持或增强体适能为目的而进行的身体活动。中等强度以上的运动(3代谢当量以上):快走、慢跑、打球、游泳、激烈游戏等。低强度的运动:伸展运动、各种运动游戏。

生活活动指在身体活动中,除运动以外的身体活动,包括工作中的身体活动。中等强度以上的运动(3代谢当量以上):步行、打扫地板、玩耍、舞蹈、上下楼梯等。低强度的生活活动:玩具整理、站立、弹琴等。

二、身体活动分类

(一)基础身体活动

在儿童动作发展的过程中存在着个体差异,有的发展得早,有的发展得晚。儿童的基础身体活动主要包括走、跑、抬、跳、攀、卧、转、滑等。

（二）平衡身体活动

平衡身体活动主要包括单脚支撑、抱腿坐、坐式后撑、仰卧起坐、翻滚、转动等。

（三）用具身体活动

用具身体活动主要包括提、搬、投、接、滚、踢、堆、骑、挖、推、拉等。

三、运动能力表现

儿童运动能力的发展有一定的规律，通过身体各部位的动作发展水平，可以看出大脑发育的成熟程度。若儿童运动能力落后，大多与成长环境和训练不足有关。严重的运动能力落后，则往往预示着儿童的智力发育迟缓甚至停滞。

幼儿的运动能力不仅仅体现在走、跑、跳、投、钻、爬、攀等基本动作技能本身，身体外部形态、基本身体素质、持续参与运动的心肺耐力、实现游戏活动中的技能熟练度和集体合作活动中的心理能力等因素，都是运动能力的综合表现。儿童运动能力具体表现为10个（图1-1）。

四、2～6岁儿童运动的类型

学龄前儿童身体活动形式主要包括日常活动、游戏玩耍以

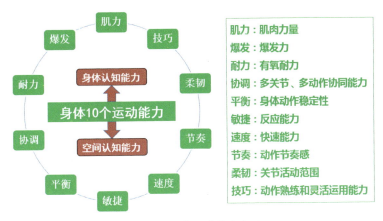

图 1-1 儿童运动能力表现

及运动等。运动类型应该是多样的,以满足儿童运动能力发展的需要。学龄前儿童在全天内各种类型身体活动的时间应累计180分钟以上。日常生活技能、家务劳动、玩玩耍耍等都是比较推荐的运动类型,具体活动类型详见表1-1。

表1-1 学龄前儿童运动类型推荐[①]

日常活动技能:拿筷子、系鞋带、穿衣服等

家务劳动:擦桌子、扫地、整理玩具和自己的物品

积极的交通方式:上下楼梯、步行、骑车等

玩玩耍耍1:以发展基本动作技能为目的的游戏

(1)移动类游戏:障碍跑、跳房子、跳绳、爬绳(杆)骑车、骑滑板车等

(2)姿势控制类游戏:金鸡独立、过独木桥、前滚翻、侧手翻等

---

① 摘自《学龄前儿童(3~6岁)运动指南(专家共识版)》。

(续表)

（3）物体控制类游戏：推小车、滚轮胎、投沙包、放风筝、踢毽子等

（4）肢体精细控制类游戏：串珠子、捏橡皮泥、折纸、搭积木等

玩玩耍耍2：以提高身体素质为目的的游戏

（1）灵敏：老鹰抓小鸡、抓人游戏、丢手绢等

（2）平衡：过独木桥、金鸡独立、秋千、蹦床等

（3）协调：攀爬（爬行、爬杆、爬绳、攀岩、小动物爬等）

体育运动：游泳、体操、足球、篮球、跆拳道、武术、乒乓球、棒球、滑冰、滑雪等

第三节 儿童游戏与运动游戏

一、儿童游戏与运动游戏概述

儿童游戏是以儿童为主导的活动，游戏、游玩在儿童的发育成长过程中有着非常重要的作用。可以说，游戏影响着儿童的成长与未来，儿童的很多能力是从儿童期的游戏中培养与开发出来的。

运动游戏是从游戏中发展和派生出来的一个分支，是游戏

的重要组成部分。一般认为,运动游戏是以游戏为活动形式,以身体练习为内容,以促进个体身心全面发展为目的,按照一定的规则进行,具有浓厚娱乐气息的身体练习和思维练习的一种特殊的体育运动。运动游戏具有趣味性、娱乐性、刺激性和竞争性、集体性、协作性、规则性、公平性、假想性、现实性等特点。

儿童运动游戏的概念具有以下三层含义:

(1) 以各种身体动作的练习为基本内容,主要包括各种基本动作的练习、提高身体素质的练习以及运动技术动作的练习(如拍球、踢球等);

(2) 以游戏活动为基本形式,一般具有一定的情节、角色、规则、娱乐性和竞赛性;

(3) 以提高幼儿的身体素质和基本活动能力为主要目的。

运动游戏可以较好地发展儿童的基本动作能力,为提高儿童的运动能力奠定良好的基础。不过,发展儿童走、跑、跳、钻等的基本动作能力,需要经过大量的反复练习才能收到好的效果。

二、亲子运动游戏的意义

孩子都很喜欢游戏,而亲子运动游戏是家长和孩子一起玩的一种游戏形式。首先,孩子在亲子运动游戏中可以于无形中获得一些知识、技能和生活体验,而这些知识技能与体验往往比在其他游戏中得到的更加丰富,十分有利于幼儿身心的发展。其次,加强了父母和孩子们的互动与情感交流,对孩子日后人际关系的发展有着极其重要的作用。

三、亲子运动游戏的现状

近年来亲子运动游戏的传播虽然愈来愈广,但大多数家庭在开展游戏的过程,仍存在一些问题。

1. 家庭内没有属于孩子的游戏场地,提供给孩子的只是一些玩具、图书等。

2. 家长因为没有时间或其他缘故,让孩子单独游戏,甚至直接让孩子单独玩手机游戏,很少参与孩子的游戏活动。

3. 每天重复几种简单的游戏,不知亲子运动游戏的形式多种多样。

4. 家长仅认识游戏的娱乐性,忽视了教育性,使亲子运动游戏成了溺爱孩子的手段。

5. 家长缺乏选择玩具和游戏的知识,不能把有效的玩具在适当的时候给孩子玩,不了解儿童生长发育的特点和认知水平。

鉴于亲子运动游戏对儿童发展的重要意义与当前亲子运动游戏的现状,本书分门别类呈现了适于在家庭开展的运动游戏,以帮助幼儿获得更好发展,同时建立更好的亲子关系。

第二章

走、跑、跳类游戏

走、跑、跳类游戏是发展儿童有氧能力、速度和力量等的最基本方法，特点是以下肢运动为主，动作结构有很多相近之处，参与活动的肌肉群基本相同。游戏中要合理搭配各类动作元素，了解孩子的活动能力，积极引导游戏的进行，并注意安全。走、跑、跳类游戏在发展儿童走、跑、跳基本运动能力的同时，发展了儿童的灵敏性、想象力和创造力、合作意识，并加强了亲子情感。

01 托球看字

增高：★★☆☆☆
减脂：★★☆☆☆
防近视：★★★★☆

适合年龄： 6～10岁。

运动目标： 发展身体协调能力与灵敏性，锻炼走的运动技能。

玩法： 家长和孩子的后背贴上字条，相对而站，手里各拿1个乒乓球拍，托着乒乓球。游戏开始，孩子和家长争着看对方的后背，先讲出对方后背上的字的一方获胜，并且游戏中球不能掉落。

运动要求： 完成5轮游戏，并成功说出3次家长背后的字。

特别提示：

1. 字一定要是孩子认识的；
2. 家长可以故意让着孩子，增加孩子玩游戏的兴趣。

02 / 青蛙跳荷叶

增高：★★★☆☆
减脂：★★★☆☆
防近视：★★★★☆

适合年龄： 3~6岁。

运动目标： 发展下肢爆发力，锻炼跳的运动技能。

玩法： 准备2张纸作为荷叶，孩子双脚并拢站在1张纸上，家长将另外1张纸放置在孩子的正前方，孩子双脚跳至另1张纸上，连续循环进行。

运动要求： 完成10次跳跃。

特别提示：

建议游戏在地毯或草地上进行，以防孩子摔倒受伤。

示例视频

03 / 抓气球

增高：★★★☆☆
减脂：★★★☆☆
防近视：★★★★☆

适合年龄： 6～10岁。

运动目标： 发展灵敏性，锻炼跑的运动技能。

玩法： 家长坐在地板上，孩子站在离家长2米远的位置。家长将气球吹起来之后，将其举高，数3下后放手，气球飞走。孩子跑过去将气球抓住。

运动要求： 完成10轮游戏，抓住1次气球即可。（游戏难度较大）

特别提示：

建议游戏在空旷的场地进行，以防孩子磕到、碰到。

04 / 细胞大作战

增高：★★☆☆☆
减脂：★★☆☆☆
防近视：★★☆☆☆

适合年龄： 6~10岁。

运动目标： 发展身体协调能力，增加科普知识，锻炼跑的运动技能。

玩法： 家长抱着小球扮演病原体，孩子抱着大球扮演白细胞。家长喊"病原体，攻击它"，孩子喊"白细胞，战胜它"。最后，让"白细胞"战胜"病原体"。

运动要求： 完成3轮攻击游戏。

特别提示：

　　游戏结束后，家长给孩子讲解"白细胞"与"病原体"的关系，增加孩子的知识。

05 / 你抽我跳

增高：★★★★☆
减脂：★★★☆☆
防近视：★★★☆☆

适合年龄： 3～10岁。

运动目标： 发展身体协调能力与下肢力量，锻炼跳的运动技能。

玩法： 准备10本书摞在一起，孩子站在最上面，家长喊"跳"，孩子就跳起来，家长则迅速抽掉1本书。循环此套动作。

运动要求： 10本书全部顺利抽出即算完成游戏。

特别提示：

　　书本的整体高度不要太高，以防孩子摔倒受伤。

示例视频

06 / 夹物并脚跳

增高：★★★☆☆
减脂：★★★☆☆
防近视：★★☆☆☆

适合年龄： 3～6岁。

运动目标： 发展身体协调能力与下肢力量，锻炼跳的运动技能。

玩法： 在地上每隔一段距离用1个道具充当障碍物，摆成一条直线。孩子用双腿夹住1个娃娃，沿S形路线前进，过程中要避开障碍物。

运动要求： 顺利避开10个障碍物到达终点。

特别提示：

　　避免使用尖锐的道具作为障碍物，以防孩子摔伤。

示例视频

07 猫捉老鼠

增高：★★☆☆☆
减脂：★★★☆☆
防近视：★★★☆☆

适合年龄： 6～10岁。

运动目标： 发展反应能力与灵活性，锻炼跑的运动技能。

玩法： 家长和孩子分别站在写有"猫""鼠""老鼠洞"的圆圈中扮演对应的角色。游戏开始后，站在"老鼠洞"的人原地不动，并高喊"老鼠洞"。同时"猫"迅速跑去抓"老鼠"，"老鼠"则向"老鼠洞"里跑。看谁反应快、跑得快。

运动要求： 完成3轮游戏，每人充当3个不一样的角色。

特别提示：

1. 对于低龄孩子，纸片上可以用图画代替汉字；
2. 调整圆圈之间的距离，增加游戏乐趣。

08 / 青蛙转圈圈

增高：★★★☆☆
减脂：★★★☆☆
防近视：★★★☆☆

适合年龄： 6～10岁。

运动目标： 发展身体协能力与下肢力量，锻炼跳的运动技能。

玩法： 将6本书摆在地上围成圈，家长和孩子面对面手、拉手半蹲，双脚各踩1本书，同时喊"一二三，跳"，向右或向左跳1组，循环此动作。

运动要求： 完成向左跳10组，向右跳10组。

特别提示：

跳的速度不要太快，容易失去平衡。

示例视频

09 / 袋鼠跳跳跳

增高：★★★★☆
减脂：★★★☆☆
防近视：★★☆☆☆

适合年龄： 3～6岁。

运动目标： 发展身体协调能力与下肢力量，锻炼跳的运动技能。

玩法： 家长和孩子用双腿各夹1个球进行跳跃比赛，从起点跳到终点，中间球掉下来要从头开始。

运动要求： 完成10米的长度。

特别提示：

跳跃过程中不要太着急，以防孩子摔倒。

10 / 托球疾行

增高：★★☆☆☆
减脂：★★☆☆☆
防近视：★★★★☆

适合年龄： 6～10岁。

运动目标： 发展身体协调能力与上肢力量，锻炼走的运动技能。

玩法： 孩子用乒乓球拍从起点运送乒乓球，运送过程中设置障碍，须绕过障碍到达终点。若球落地，则要从头开始。家长可以和孩子比赛，看谁先到终点。

运动要求： 完成10米的长度。

特别提示：

若没有球拍，可以用书托球进行游戏。

11 / 魔术棒跳跃

增高：★★★★☆
减脂：★★★☆☆
防近视：★★★☆☆

适合年龄： 3~6岁。

运动目标： 发展下肢爆发力，锻炼跳的运动技能。

玩法： 家长一和家长二手拿充气棒，悬空于地面之上，让孩子跳跃过去。充气棒可以越来越高，增加跳跃的难度。孩子跳完家长一的充气棒之后，家长一拿着充气棒到家长二的后面，循环游戏。

运动要求： 完成10次跳跃。

特别提示：

　　充气棒高度不要太高，确保孩子能跳过去。

示例视频

第二章　走、跑、跳类游戏

12 / 躲避大炸弹

增高：⭐⭐☆☆☆
减脂：⭐⭐⭐☆☆
防近视：⭐⭐⭐⭐☆

适合年龄： 6~10岁。

运动目标： 发展反应能力、敏捷性，锻炼跑的运动技能。

玩法： 两位家长分站两边，间隔3~4米，孩子站在中间。家长一将大球滚向孩子，孩子注意躲避；家长二拿到球后，接着将球滚向孩子，若孩子被球碰到，就要和滚球的家长互换位置。

运动要求： 成功完成20次躲避。

特别提示：

　　若空间允许，可以使用软沙包代替大球，速度比较快，难度较大。

示例视频

13 / 接雪花

增高:★★☆☆☆
减脂:★★☆☆☆
防近视:★★★★☆

适合年龄: 3~6岁。

运动目标: 发展身体协调能力,培养专注度,锻炼走、跑的运动技能。

玩法: 家长站在高处,举起手向下放纸片,孩子拿着纸盒去接下落的纸片。家长可以变化丢纸片的速度。

运动要求: 成功接住20张纸片。

特别提示:

建议在空旷的场地进行游戏,以防孩子磕到、碰到。

示例视频

14 亲子交叉跳

增高：★★★★☆
减脂：★★★☆☆
防近视：★★★☆☆

适合年龄： 3~6岁。

运动目标： 发展身体协调能力、下肢力量与相互配合的能力，锻炼跳的运动技能。

玩法： 放一根绳子在地板上，家长和孩子站在绳子的一端，面对面、手拉手有节奏地跳动。第一次起跳两脚落于绳子两侧，第二次起跳两脚交叉落于绳子两侧，反复交替动作行进。

运动要求： 完成10米的长度。

特别提示：

可以在地上画一条线或者贴一条胶带充当绳子。

15 / 双脚转向跳

增高：★★★☆☆
减脂：★★★☆☆
防近视：★★★☆☆

适合年龄： 3~6岁。

运动目标： 发展身体协调能力、反应能力与下肢力量，锻炼跳的运动技能。

玩法： 将鞋子不同朝向地摆放在地面上，家长和孩子从一头开始向前跳跃比赛。跳跃时，脚尖的朝向需与鞋尖的方向一致。

运动要求： 正确完成20次跳跃。

特别提示：

可以在纸上画好箭头指示方向，用来代替鞋子。

第二章 走、跑、跳类游戏

16 / 双人花样夹球走

增高：★★☆☆☆
减脂：★★☆☆☆
防近视：★★☆☆☆

适合年龄： 3~6岁。

运动目标： 发展身体协调能力与相互配合能力，锻炼走的运动技能。

玩法： 家长和孩子用身体的不同部位夹住球，从起点往终点前进。前进过程中，球不能落地。可以尝试孩子的头部和家长的头部合作夹住球、孩子胸部与家长的腹部合作夹住球、孩子后背与家长后腰合作夹住球等方式。

运动要求： 完成10米的长度。

特别提示：

1. 根据孩子的身高选择合适的位置进行夹球走；
2. 可以用大玩偶代替球进行游戏。

17 / 踩尾巴

增高：★★☆☆☆
减脂：★★☆☆☆
防近视：★★★★☆

快踩到啦

适合年龄： 3~6岁。

运动目标： 发展反应能力、敏捷性，锻炼跑的运动技能。

玩法： 家长和孩子腰间各系1条绳子，绳子末端绑1张纸，先踩到对方绳子上的纸的一方获胜。

运动要求： 完成3轮游戏。

特别提示：

1. 建议在空旷的区域进行游戏，以免发生碰撞；

2. 可以将纸换成气球，使游戏更加刺激、有趣。

示例视频

18 / 小鸭学步走

增高：★★★☆☆
减脂：★★☆☆☆
防近视：★★☆☆☆

适合年龄： 3～6岁。

运动目标： 发展身体协调能力与肢体柔韧性，锻炼走的运动技能。

玩法： 家长和孩子弯腰用手抓住各自的脚踝，从起点开始比赛向前行走，看谁先到终点。比赛期间，双腿伸直不能弯曲。

运动要求： 完成10米的长度。

特别提示：

比赛路线保持空旷，以免低头行进过程中撞到头。

19 / 两人三足

增高：★★☆☆☆
减脂：★★☆☆☆
防近视：★★☆☆☆

适合年龄： 6～10岁。

运动目标： 发展身体协调能力与相互配合的能力，锻炼走的运动技能。

玩法： 家长和孩子并排站立，将内侧脚绑在一起，分两组站在起点处，然后快速前进，先到终点则获胜。

运动要求： 完成20米的长度。

特别提示：

比赛过程中，家长要搂住孩子的肩膀，以免孩子摔倒。

示例视频

20 / 魔毯飞人

增高：★★★★☆
减脂：★★☆☆☆
防近视：★★☆☆☆

适合年龄： 3～6岁。

运动目标： 发展身体协调能力与下肢力量，锻炼跳的运动技能。

玩法： 家长和孩子各准备1条毯子，双脚并拢站在毯子上，双手拉住毯子的两端，跳着前进，先到达终点的一方获胜。

运动要求： 完成5米的长度。

特别提示：

家长要注意让着孩子，增加其运动的兴趣。

21/快乐小跳蛙

增高：★★★☆☆
减脂：★★☆☆☆
防近视：★★☆☆☆

适合年龄： 3～6岁。

运动目标： 发展身体协调能力、下肢力量与相互配合的能力，锻炼跳的运动技能。

玩法： 准备1张硬纸壳，在其中一边拴上线，孩子站在纸壳上，家长拉着线。家长和孩子配合，家长一边拉，孩子一边往前跳。可以互换角色进行，即孩子拉、家长跳。

运动要求： 完成5米的长度。

特别提示：

　　游戏过程中，双脚不能跳到纸壳以外的地方。

示例视频

22 / 保卫地球

增高：★★☆☆☆
减脂：★★☆☆☆
防近视：★★★☆☆

适合年龄： 3~6岁。

运动目标： 发展身体协调能力和反应能力，锻炼跑的运动技能。

玩法： 在椅子上放1个球，孩子站在椅子前面守护，防止家长抢夺到球。可以互换角色进行，即家长守护，孩子抢夺。

运动要求： 至少完成2轮游戏，1轮守护，1轮抢夺。

特别提示：

　　家长要注意让着孩子，使其顺利保护"地球"。

示例视频

23 / 交接棒

增高：★★☆☆☆
减脂：★★★☆☆
防近视：★★★☆☆

适合年龄： 6~10岁。

运动目标： 发展身体协调与反应能力，锻炼跑的运动技能。

玩法： 家长一、家长二、孩子各执1根长棍子，以手扶棍杵地，呈三足鼎立之势，各相距1米左右。家长一喊出"换"的信号，3人以逆时针方向迅速接力抓住下一人的棍子。游戏过程中，棍子不能倒地。

运动要求： 连续完成10次交接棒。

特别提示：

　　间距越大，难度越大，可根据实际情况调整间距。

24 / 堆塔游戏

增高：★★★☆☆
减脂：★★★☆☆
防近视：★★★☆☆

适合年龄： 6～10岁。

运动目标： 发展身体协调能力、下肢爆发力，锻炼跑的运动技能。

玩法： 每隔0.5米放1个纸杯，总共7个纸杯，中间的纸杯是"控制中心"，两边的分别是家长和孩子的纸杯。先将己方的纸杯全都套到"控制中心"的获胜，一次只能拿1个纸杯。

运动要求： 完成3轮游戏。

特别提示：

可以根据孩子的情况，调整纸杯之间的距离以及纸杯的数量。

示例视频

25 / 闯山沟

增高：★★★☆☆
减脂：★★★☆☆
防近视：★★★☆☆

适合年龄： 6~10岁。

运动目标： 发展敏捷性与下肢爆发力，锻炼跑的运动技能。

玩法： 在地上画两条相距1.5米、长3米的平行线，平行线之间为"山沟"。家长一、家长二和孩子猜拳，输的站在中间为"狼"。剩下的两人相互配合，一人吸引"狼"的注意力，另一人穿越"山沟"，"狼"只能在"山沟"中"捕猎"。一旦被"狼"碰到，就要互换角色。

运动要求： 成功完成穿越"山沟"10次。

特别提示：

1. 建议在空旷的区域进行游戏，以免发生碰撞；
2. 家长要适当让着孩子，以给孩子成就感。

26 / 丢手绢

增高：★★★☆☆
减脂：★★★☆☆
防近视：★★☆☆☆

适合年龄： 6~10岁。

运动目标： 发展敏捷性与下肢爆发力，锻炼跑的运动技能。

玩法： 5个人围成圈，席地而坐，1人手拿道具，在5人身后绕圈，悄悄将道具放在其中1人身后，待其反应过来之后，手拿道具去追放道具的人，追到即为成功，规定时间（20 s）内未追到即为失败。

运动要求： 完成3轮追逐游戏。

特别提示：

1. 建议在空旷的区域进行此游戏；
2. 根据实际情况设定追逐时间。

示例视频

27 / 花样跳远

增高:★★★☆☆
减脂:★★★☆☆
防近视:★★★☆☆

适合年龄: 6～10岁。

运动目标: 发展下肢爆发力,锻炼跳的运动技能。

玩法: 家长和孩子站在起点线,然后以"石头、剪刀、布"方法定输赢,赢了的一方往前跳一步,看谁先到终点。

运动要求: 完成5米的长度。

特别提示:

家长要配合孩子,小步往前跳。

示例视频

28 / 双人顶膝

增高：★★★★☆
减脂：★★★☆☆
防近视：★★☆☆☆

适合年龄： 6～10岁。

运动目标： 发展身体协调能力与下肢力量，锻炼跳的运动技能。

玩法： 孩子和家长相对而立，分别用左手提起右脚的脚踝或者右手提起左脚的脚踝，单足弹跳，以膝盖为武器，相互撞击，双脚落地即为输。

运动要求： 完成5轮游戏。

特别提示：

家长要注意让着孩子，使得比赛有输有赢，增加游戏的乐趣。

29 / 赶小猪游戏

增高：★★☆☆☆
减脂：★★★☆☆
防近视：★★★☆☆

适合年龄： 3~6岁。

运动目标： 发展身体协调能力，锻炼走的运动技能。

玩法： 准备6个气球和两根棒子，家长和孩子用棒子将气球从起点赶到终点，先完成的一方为胜。起点与终点之间的距离为5米。

运动要求： 成功将3个气球从起点赶到终点。

特别提示：

可以根据孩子的情况，设置起点与终点的距离，以及气球的数量。

示例视频

30 / 飞越书山

增高：★★★★☆
减脂：★★★☆☆
防近视：★★★☆☆

适合年龄： 6～10岁。

运动目标： 发展下肢爆发力，锻炼跳的运动技能。

玩法： 家长用书在地板上设置障碍，侧立放置，高度有高有矮，间距有大有小，让孩子从起点开始跳跃，不断跃过障碍，抵达终点。

运动要求： 完成10米的长度。

特别提示：

可以根据孩子的情况，调整书的高度以及间距。

31 夹物进桶

增高：★★★★☆
减脂：★★★☆☆
防近视：★★★☆☆

适合年龄： 6~10岁。

运动目标： 发展身体协调能力与下肢爆发力，锻炼跳和投的运动技能。

玩法： 准备一个纸箱，家长先示范用双脚夹起玩偶，然后跳起来将玩偶投到纸箱里。孩子将剩下的玩偶以同样的动作投到纸箱里。

运动要求： 成功将10个玩偶投到纸箱里。

特别提示：

可以通过改变纸箱的高度调整游戏难度，纸箱越高，难度越大。

示例视频

32 / 蒙眼找鞋

增高：⭐⭐☆☆☆
减脂：⭐⭐☆☆☆
防近视：⭐⭐☆☆☆

适合年龄： 3～6岁。

运动目标： 发展身体协调能力与感统平衡，锻炼走的运动技能。

玩法： 家长和孩子从起点出发，到终点后将鞋子脱下摆好，然后回到起点蒙上眼睛，走向终点去找鞋子，看谁先找到自己的鞋子。起点与终点的距离设置为5米。

运动要求： 完成3轮游戏，最少成功找到1次鞋子。

特别提示：

　　游戏过程中，其他人员可以在旁边进行干扰。

示例视频

33 / 尾巴争夺战

增高:★★★☆☆
减脂:★★☆☆☆
防近视:★★★☆☆

适合年龄: 3~6岁。

运动目标: 发展反应能力,锻炼跑的运动技能。

玩法: 家长和孩子的腰部各系1个气球,作为尾巴。游戏开始后,双方不断去抓对方的尾巴,规定时间(如1分钟)内抓到对方气球次数多的一方获胜。

运动要求: 完成3轮游戏。

特别提示:

建议在空旷的区域进行游戏,以免发生碰撞。

示例视频

第三章

投、拉、压类游戏

投、拉、压类游戏的功能是发展儿童的肌肉力量、柔韧素质，同时也能提高儿童动作灵敏、协调的能力，特点是以手臂、躯干、腿部运动为主。游戏中，体验亲子合作的快乐的同时，也要注意安全。

01 / 追踪筋斗云

增高：★★☆☆☆
减脂：★★☆☆☆
防近视：★★★★☆

适合年龄： 3~6岁。

运动目标： 发展身体协调能力与反应能力，锻炼抛的运动技能。

玩法： 准备两个气球，家长和孩子各拿1个，先同时用力向上抛起，然后跑去接对方抛起后下落的气球。

运动要求： 成功接住5个气球。

特别提示：

建议在空旷的场地进行游戏，避免跑动过程中发生碰撞导致受伤。

示例视频

02 / 小丑竞技

增高：★★☆☆☆
减脂：★★☆☆☆
防近视：★★★★☆

适合年龄： 6~10岁。

运动目标： 发展身体协调能力与反应能力，锻炼抛的运动技能。

玩法： 家长和孩子相对而坐，先用手把沙包向上抛，然后迅速用同一只手抓起纸杯接住下落的沙包。家长和孩子比赛，看看1分钟的时间内谁接住的沙包数量多。

运动要求： 成功接住10个沙包。

特别提示：

　　游戏中家长注意让着孩子，增加孩子玩游戏的积极性与乐趣。

03 / 双人拍毽子

增高：★★☆☆☆
减脂：★★☆☆☆
防近视：★★★★☆

适合年龄： 6~10岁。

运动目标： 发展身体协调能力与反应能力，锻炼拍的运动技能。

玩法： 家长和孩子各持一块硬纸板，用硬纸板将毽子拍向对方，互相来回拍打。

运动要求： 完成20个来回拍打。

特别提示：

建议在空旷的场地进行游戏，避免运动过程中发生碰撞导致受伤。

示例视频

04 | 瓶盖保龄球

增高：★★☆☆☆
减脂：★★☆☆☆
防近视：★★★☆☆

适合年龄： 6～10岁。

运动目标： 发展身体协调能力与灵敏性，锻炼投的运动技能。

玩法： 家长将酸奶瓶放在餐桌的一边，孩子在另一边用手弹击瓶盖，击打酸奶瓶。

运动要求： 成功击中5个酸奶瓶。

特别提示：

可用其他轻质空瓶替代酸奶瓶。

05 魔力小短绳拔河

增高：★★☆☆☆
减脂：★★☆☆☆
防近视：★★☆☆☆

适合年龄： 3～10岁。

运动目标： 发展身体协调能力、爆发力与四肢力量，锻炼拉的运动技能。

玩法： 家长和孩子分别抓住短绳的一端，开始进行拔河比赛，谁先将对方拉过界即获胜。

运动要求： 完成3轮比赛。

特别提示：

1. 拔河过程中，家长要不动声色地让着孩子；
2. 可以妈妈和孩子组成一队，与爸爸比赛拔河。

示例视频

06 / 木头推推推

增高：★★☆☆☆
减脂：★★☆☆☆
防近视：★★☆☆☆

适合年龄： 3~10岁。

运动目标： 发展身体协调能力与上肢力量，锻炼推的运动技能。

玩法： 家长双手抱胸平躺在地板上，孩子用力去推家长的身体，使其翻滚。家长要全身用力，阻止身体滚动。

运动要求： 成功使家长的身体翻滚2米的距离。

特别提示：

家长可以适当放松一下身体，让孩子能够推得动。

07 | 发射炮弹

增高：★★★☆☆
减脂：★★★☆☆
防近视：★★★☆☆

适合年龄： 6～10岁。

运动目标： 发展下肢爆发力与腰部力量，锻炼投的运动技能。

玩法： 孩子躺在地上，双腿抬起，用双脚去夹住家长手中的道具，然后双腿用力向前投掷，上半身保持不动。

运动要求： 成功投出10个道具。

特别提示：

不要选择硬质、尖角的玩具作为道具，避免划伤。

示例视频

08 | 地面篮球

增高：★★☆☆☆
减脂：★★☆☆☆
防近视：★★★★☆

适合年龄：6～10岁。

运动目标：发展身体协调能力，锻炼投的运动技能。

玩法：在地上画一条线，孩子和家长站在线后，轮流向前方标有分数的储物盒投球，储物盒由近及远分别标有10分、20分、30分的牌子。每人投10次，总分值高的获胜。

运动要求：获得300分。

特别提示：

1. 储物盒可用垃圾桶代替；
2. 球可以用纸团、小毛绒玩具代替。

09 立竿见影

增高：★★☆☆☆
减脂：★★☆☆☆
防近视：★★★★☆

适合年龄： 6～10岁。

运动目标： 发展身体协调能力与反应能力，锻炼投的运动技能。

玩法： 家长和孩子相对盘腿而坐，孩子双手拿球，家长手握一根竹竿直立于地上。孩子将球抛给家长的同时，迅速接住家长松开的竹竿，以使其不倒地。家长松开竹竿的同时迅速接住孩子抛出的球，循环进行。

运动要求： 成功完成10轮游戏。

特别提示：

可以站起来进行游戏，调整距离，增加运动量与趣味性。

示例视频

10 鲤鱼跃龙门

增高：★★☆☆☆
减脂：★★☆☆☆
防近视：★★★★☆

适合年龄： 6~10岁。

运动目标： 发展手眼协调能力与反应能力，锻炼投的运动技能。

玩法： 家长和孩子并排而坐，手里各拿一个乒乓球，然后水平抬起另一只手臂，将乒乓球从抬起的手臂外侧向内抛出，然后快速接住。

运动要求： 成功接住10次乒乓球。

特别提示：

可以站起来，一边移动一边抛接，增加游戏难度和趣味性。

示例视频

11 / 谁的马力足

增高：★★★☆☆
减脂：★★★☆☆
防近视：★★☆☆☆

适合年龄： 6~10岁。

运动目标： 发展四肢与腰腹力量，锻炼爬与拉的运动技能。

玩法： 准备1根长布条，两端分别系在家长和孩子的腰间，家长和孩子四肢着地，绷紧布条。比赛开始后，双方同时用力，谁先将对方拉过中间线，则获胜。

运动要求： 完成3轮游戏。

特别提示：

　　家长要注意让着孩子，给其获胜的机会。同时也要避免用力过大，勒着孩子。

12 / 快乐掂气球

增高：★★☆☆☆
减脂：★★☆☆☆
防近视：★★★★★

适合年龄： 3～10岁。

运动目标： 发展身体协调能力和敏捷性，锻炼走、跑与拍的运动技能。

玩法： 家长和孩子各拿1根充气棒和1个气球，用充气棒连续不断地掂气球，不让气球落地。可以尝试每人掂两个气球，并且两个气球都不能落地。

运动要求： 坚持1分钟不让气球落地。

特别提示：

建议在空旷的场地进行游戏，避免发生碰撞导致受伤。

示例视频

13 / 导弹发射

增高：★★★☆☆
减脂：★★☆☆☆
防近视：★★★☆☆

适合年龄： 6～10岁。

运动目标： 发展下肢爆发力，锻炼投的运动技能。

玩法： 家长在孩子面前摆放几个远近不同的纸杯，让孩子用双脚夹住道具，调整方向和力量，双脚同时起跳将道具抛向前方，击倒纸杯。

运动要求： 成功击倒5个纸杯。

特别提示：

可以通过调整道具的大小、距离的远近，改变游戏的难易程度。

14 / 投射大比拼

增高：★★☆☆☆
减脂：★★☆☆☆
防近视：★★★★☆

适合年龄： 3～6岁。

运动目标： 发展身体协调性，锻炼投的运动技能。

玩法： 准备5个一次性纸杯倒扣在地上，间隔0.5米摆成一排，杯底各放一个乒乓球。家长和孩子分站在两边的起投线后，一来一回地用道具砸纸杯。

运动要求： 成功击倒5个纸杯。

特别提示：

根据孩子的实际情况，调整起投线与纸杯之间的距离。

示例视频

15 / 最佳守门员

增高：★★★☆☆
减脂：★★☆☆☆
防近视：★★★★☆

适合年龄： 6～10岁。

运动目标： 发展快速反应能力，锻炼跑与投的运动技能。

玩法： 家长和孩子相对而立，间隔2米左右。家长想办法将球扔到孩子身后，孩子要尽力将家长扔过来的球拦截住。然后互换角色，继续进行。

运动要求： 成功拦截5个球，并完成2次射门。

特别提示：

建议在空旷的场地进行游戏，避免碰撞到其他物品。

示例视频

16 / 转圈圈投掷

增高：★★☆☆☆
减脂：★★☆☆☆
防近视：★★★★☆

适合年龄： 6～10岁。

运动目标： 发展身体协调能力与平衡能力，锻炼投的运动技能。

玩法： 将垃圾桶放在距离投掷线远近不同的位置，投掷线处放置几个纸团，家长和孩子原地转5圈之后，拿起纸团开始投掷，将纸团投进越远的垃圾桶得分越高。

运动要求： 成功投进5个纸团。

特别提示：
　　根据孩子年龄的大小设置原地转圈的圈数。

17 / 花样拔河

增高：★★☆☆☆
减脂：★★☆☆☆
防近视：★★★☆☆

适合年龄： 6～10岁。

运动目标： 发展腹部力量和爆发力，锻炼拉的运动技能。

玩法： 准备一根绳子，打结成一个闭环，家长和孩子三人在闭环内各占一个角。比赛开始后，三方同时用力，谁先拿到自己正前方的道具即获胜。

运动要求： 完成5轮游戏。

特别提示：

1. 家长要让着孩子，使其有获胜的机会；
2. 建议使用粗绳子或者布条，细绳子勒着不舒服。

示例视频

18 / 导弹拦截

增高：★★☆☆☆
减脂：★★☆☆☆
防近视：★★★★☆

适合年龄： 3~10岁。

运动目标： 发展反应能力，锻炼投的运动技能。

玩法： 家长将球滚向墙壁，与此同时，孩子用玩偶砸球，改变球的运动轨迹，不让其顺利到达墙壁。可以互换角色进行游戏，孩子发射球，家长来拦截。

运动要求： 成功拦截5个球。

特别提示：

　　家长发射球的时候注意控制球的速度，让孩子有机会击中球。

示例视频

19 / 抛接球

增高：★★☆☆☆
减脂：★★☆☆☆
防近视：★★★★☆

适合年龄： 6~10岁。

运动目标： 发展身体协调能力、反应能力与相互配合的能力，锻炼跑与投的运动技能。

玩法： 家长和孩子持球相对站立，同时向对方抛球，并且迅速接住对方抛出的球，然后继续抛出，循环进行。

运动要求： 成功接住10个球。

特别提示：

建议在空旷的场地进行游戏，避免造成不必要的损失和伤害。

示例视频

20 / 捕捉小蝴蝶

增高：★★☆☆☆
减脂：★★☆☆☆
防近视：★★★★☆

适合年龄： 3~10岁。

运动目标： 发展身体协调能力、反应能力与敏捷性，锻炼走、跑与投的运动技能。

玩法： 家长和孩子相对站立，家长将塑料圆圈抛向孩子，孩子要用手接住塑料圆圈。互换角色继续进行，孩子抛，家长接。

运动要求： 成功接住10次。

特别提示：

　　建议在空旷的区域进行游戏，避免因碰撞而受伤。

示例视频

21 / 小鸟回家

增高：★★★☆☆
减脂：★★★☆☆
防近视：★★★★☆

适合年龄： 3~6岁。

运动目标： 发展身体协调能力、反应能力与敏捷性，锻炼走、跑与投的运动技能。

玩法： 家长蹲坐在地上，孩子手拿纸盒站在家长身后，家长向后抛球，孩子用纸盒接住家长抛出的球。互换角色继续进行，孩子抛球，家长接球。

运动要求： 成功接住10个球。

特别提示：

建议在空旷的区域进行游戏，避免因碰撞而受伤。

示例视频

22 / 快乐卷卷卷

增高：★★☆☆☆
减脂：★★☆☆☆
防近视：★★★☆☆

适合年龄：3～6岁。

运动目标：发展灵活性与身体控制能力，锻炼拉的运动技能。

玩法：准备两根长线，长线一端系在手柄上，另一端系在纸板上，纸板上放一个道具。家长和孩子并排而坐，开始转动手柄，谁先将纸板上的道具拿到手谁就获胜。

运动要求：成功拿到3个道具。

特别提示：

若手柄转动速度太快，导致道具掉落，需要从头开始游戏。

示例视频

23 / 豌豆射手

增高：★★☆☆☆
减脂：★★☆☆☆
防近视：★★★★☆

适合年龄：3～6岁。

运动目标：发展上肢力量，锻炼投的运动技能。

玩法：家长和孩子相隔3～4米站定，家长假扮"僵尸"，孩子用乒乓球打"僵尸"，且不能让"僵尸"抓到自己，"僵尸"每被砸到一次就虚弱一分。

运动要求：完成3轮游戏，并成功击倒"僵尸"一次。

特别提示：

孩子在用乒乓球打"僵尸"的时候，注意不要把乒乓球往"僵尸"脸上扔。

示例视频

24 鹿角套圈

增高：★★☆☆☆
减脂：★★☆☆☆
防近视：★★★★☆

适合年龄：3~6岁。

运动目标：发展身体协调能力，锻炼投的运动技能。

玩法：家长坐在地上，头上戴着鹿角，孩子站在家长的面前，用手里的塑料圆圈去套家长头上的鹿角。

运动要求：成功套上5个圈。

特别提示：

　　家长可以左右摇头，或者站起来移动，增加孩子套圈的难度。

示例视频

第四章

攀、爬、钻、滚类游戏

攀、爬、钻、滚类游戏的特点是需要手脚并用，游戏中的攀爬，有利于儿童的大脑发育和动作发展（尤其是可以促进孩子协调能力的发展）。攀、爬，有助于发展手臂、腹部、腿部力量及协调力；钻，有助于发展判断能力、动作技巧和钻爬能力；通过不同方向翻滚动作，则可以提高儿童身体全面的活动能力。儿童在亲子活动中采用滚动的方式会玩得不亦乐乎的，滚动的幅度根据儿童的身体大小而定。

01 / 树洞脱逃

增高：★★★☆☆
减脂：★★★★☆
防近视：★★★☆☆

适合年龄： 3~6岁。

运动目标： 发展身体协调性与四肢力量，锻炼钻的运动技能。

玩法： 家长坐在地板上，双腿搭在孩子的腰和背上。家长喊"开始"后，孩子要调动全身的力量挣脱束缚，家长则利用手脚阻止孩子挣脱。

运动要求： 成功挣脱3次。

特别提示：

　　家长要适当"放水"，以让孩子能够挣脱。

02 | 毛毛虫

增高：★★★☆☆
减脂：★★★★☆
防近视：★★☆☆☆

适合年龄： 3~6岁。

运动目标： 发展身体协调能力，锻炼爬的运动技能。

玩法： 家长和孩子屈膝坐在地上，用双膝夹住玩偶，双手放在身后支撑住身体，然后手、脚、臀部协同前进，前进过程中玩偶不能掉落。

运动要求： 完成5米的距离。

特别提示：

可以将玩偶换成气球，增加游戏的紧张感。

示例视频

03 / 蝉翻树

增高：★★★☆☆
减脂：★★★☆☆
防近视：★★★☆☆

适合年龄： 3～6岁。

运动目标： 发展身体协调能力与平衡能力，锻炼滚的运动技能。

玩法： 家长躺着扮作大树，孩子扮作蝉。孩子像蝉一样从家长身上翻滚过去。家长用较粗的声音说："蝉在向前爬行呢！"

运动要求： 成功完成10次翻滚。

特别提示：

家长可轻微移动自己的身体，提高游戏的难度。

04 / 平衡的猫步

增高：★★★☆☆
减脂：★★☆☆☆
防近视：★★☆☆☆

适合年龄： 6～10岁。

运动目标： 发展身体协调能力与平衡能力，锻炼爬的运动技能。

玩法： 用绳子围成一个方形（周长可自行决定），孩子四肢着地、臀部抬高，双脚踩在绳子上，沿着绳子前进。前进过程中，手脚都不能离开绳子，到终点后和家长击掌。

运动要求： 完成10米的长度。

特别提示：

可以进行比赛，看谁用时短。

示例视频

05 / 孵小鸡

增高：
减脂：★★★☆☆
防近视：★★★☆☆

适合年龄： 3～6岁。

运动目标： 发展身体协调能力与四肢力量，锻炼钻的运动技能。

玩法： 家长用被子将孩子卷起来，让孩子用自身的力量从被子里挣脱出来。家长在边上给孩子鼓劲打气。

运动要求： 成功挣脱3次。

特别提示：

家长可以先给孩子做示范。

06 / 树和树懒

增高：
减脂：★★★☆☆
防近视：★★★☆☆

适合年龄： 3~6岁。

运动目标： 发展四肢力量，锻炼攀的运动技能。

玩法： 游戏开始前，在地板上铺好厚被子，家长站在上面。游戏开始，孩子像树懒一样双手抱着家长的脖子，双腿夹住家长的腰背，家长数"1、2、3……"，计算时间。

运动要求： 坚持10秒钟。

特别提示：

　　一定要在柔软的物体上进行游戏，比如沙发、床等，防止孩子松手跌落受伤。

07 好大的口气

增高：★★☆☆☆
减脂：★★☆☆☆
防近视：★★★★★

适合年龄： 3~6岁。

运动目标： 发展身体协调能力与控制能力，锻炼爬的运动技能。

玩法： 孩子四肢着地趴在地上，将地上散落的乒乓球吹进家长侧放在地面上的盒子。

运动要求： 成功将5个乒乓球吹到盒子中。

特别提示：

建议在平坦光滑的地面上进行游戏。

示例视频

08 / 爬爸爸山

增高：★★★☆☆
减脂：★★★☆☆
防近视：★★★☆☆

适合年龄： 3~6岁。

运动目标： 发展身体协调能力、平衡能力与四肢力量，锻炼攀、爬的运动技能。

玩法： 家长盘腿坐在地板上，孩子手脚并用地往家长身上爬，家长可以适当地帮助孩子。孩子骑到家长脖子上即为成功。

运动要求： 成功"登顶"3次。

特别提示：

建议在柔软的物体上进行游戏，比如沙发上、床上等，防止孩子跌落受伤。

09 / 大头对小头

增高：★★☆☆☆
减脂：★★☆☆☆
防近视：★★★☆☆

适合年龄： 3~6岁。

运动目标： 发展身体协调能力与相互配合的能力，锻炼爬的运动技能。

玩法： 家长和孩子四肢着地，头顶着头夹住道具，以螃蟹爬的姿势横向移动，将道具从起点运到终点，运送过程中道具不能掉落。

运动要求： 成功运送5个道具。

特别提示：

不要选择棱角坚硬、锋利的玩具作为道具，避免被划伤。

示例视频

10 / 连体蜘蛛侠

增高：★★★☆☆
减脂：★★★☆☆
防近视：★★★☆☆

适合年龄： 3～6岁。

运动目标： 发展四肢力量，锻炼爬的运动技能。

玩法： 家长用双手托住孩子的腋下，将孩子举起，使其手脚贴在墙面上前后左右移动。家长不能突然松手，避免孩子受伤。

运动要求： 累计完成1分钟墙面爬行。

特别提示：

建议在墙面下方的地板上铺上厚被子，防止孩子跌落受伤。

11 / 匍匐前进

增高：★★★☆☆
减脂：★★★☆☆
防近视：★★★☆☆

适合年龄： 3~6岁。

运动目标： 发展身体协调能力与四肢力量，锻炼爬的运动技能。

玩法： 家长和孩子并排趴在地上，开始匍匐前进，用四肢带动身体移动。这期间身体和头部不能抬起来，先到终点的人获胜。

运动要求： 完成10米的长度。

特别提示：

家长要注意让着孩子，给其赢的机会。

示例视频

12 | 穿越火线

增高：★★☆☆☆
减脂：★★☆☆☆
防近视：★★★☆☆

适合年龄： 3~6岁。

运动目标： 发展身体协调能力、平衡能力、灵敏性，锻炼钻的运动技能。

玩法： 选择家中的走廊或者餐椅，家长用线或者纸条制作障碍网，调整角度和高度。孩子用匍匐、跨越、钻等动作穿越障碍，身体不能触碰到障碍网。家长在边上指导孩子通过。

运动要求： 累计完成5米的长度。

特别提示：

绳子上可以挂一些铃铛，铃响则穿越失败，须重新开始。

13 / 树袋熊

增高：★★☆☆☆
减脂：★★☆☆☆
防近视：★★☆☆☆

适合年龄： 3~6岁。

运动目标： 发展四肢力量与平衡能力，锻炼攀的运动技能。

玩法： 家长四肢着地做熊爬的姿势，孩子趴在家长的背上，双手搂住家长的脖子，双腿夹紧家长的腰部。家长往前爬的过程中，可以适当加速、急转弯，增加难度和趣味性。

运动要求： 累计完成10米的长度。

特别提示：

建议在空旷的场地进行游戏，以免发生磕碰。

示例视频

第四章 攀、爬、钻、滚类游戏

14 / 膝盖山大挑战

增高：★★★☆☆
减脂：★★☆☆☆
防近视：★★☆☆☆

适合年龄： 3~6岁。

运动目标： 发展四肢力量与平衡能力，锻炼攀、爬的运动技能。

玩法： 家长一和家长二并排背靠墙壁，席地而坐，膝盖弯曲。家长一双手握住孩子的双手，让孩子慢慢爬上其膝盖。孩子保持平衡，然后再侧转身跨向家长二的膝盖，并站稳。

运动要求： 成功完成3次挑战。

特别提示：

建议在软垫上进行游戏，防止孩子跌倒受伤。

15 / 骑马打仗

增高：★★☆☆☆
减脂：★★☆☆☆
防近视：★★★☆☆

适合年龄： 3～6岁。

运动目标： 发展平衡能力、上肢力量与相互配合的能力，锻炼攀的运动技能。

玩法： 家长背起孩子，孩子一只手搂住家长的脖子，另一只手拿着充气棒。两组家庭进行"马"上比赛，孩子用充气棒互相攻击。游戏过程中，家长保持低头，以免被误伤。

运动要求： 累计游戏时间3分钟。

特别提示：

游戏过程中，两位家长可以前后左右移动，增加游戏的趣味性。

示例视频

第四章 攀、爬、钻、滚类游戏

16 / 亲子蜘蛛爬

增高：★★★☆☆
减脂：★★★☆☆
防近视：★★★☆☆

适合年龄： 3～6岁。

运动目标： 发展身体协调能力与四肢力量，锻炼爬的运动技能。

玩法： 家长和孩子在起爬线处仰躺下，臀部离开地面，靠四肢力量支撑前行，先到达终点者获胜。前进过程中臀部不能着地。

运动要求： 完成5米的长度。

特别提示：

家长要不动声色地让着孩子，增加其运动的兴趣。

17 / 推土机

增高：★★★☆☆
减脂：★★☆☆☆
防近视：★★★★☆

适合年龄： 6~10岁。

运动目标： 发展孩子的身体协调能力，锻炼爬的运动技能。

玩法： 孩子做熊爬的姿势，双手放在纸盒里，推着前进，将散落的道具收集到盒子里，到终点与家长击掌。

运动要求： 成功收集10个道具，完成10米的推行长度。

特别提示：

　　建议在空旷的场地上进行游戏，以免发生碰撞。

示例视频

18 / 悬空螃蟹爬

增高：★★★☆☆
减脂：★★★☆☆
防近视：★★★☆☆

适合年龄： 6~10岁。

运动目标： 发展身体协调能力、上肢与腰腹力量，锻炼爬的运动技能。

玩法： 孩子将双腿放在沙发上，双臂支撑身体横向移动。家长双腿分开作为障碍物，孩子以手撑地，跨过障碍物。

运动要求： 成功跨过10次障碍。

特别提示：

1. 建议使用软包沙发游戏；
2. 沙发坐高最好与孩子手臂长度大致相同。

19 | 旋转大风车

增高：★★☆☆☆
减脂：★★☆☆☆
防近视：★★★☆☆

适合年龄： 6～10岁。

运动目标： 发展身体协调能力、四肢及腰腹力量，锻炼翻滚的运动技能。

玩法： 在地上放一排纸杯，孩子依靠手和脚的支撑，身体悬在纸杯的上方，然后控制四肢带动身体进行翻转，这期间不能碰到纸杯。

运动要求： 成功完成5米的长度。

特别提示：

　　根据孩子的情况设置纸杯的高度，纸杯越高难度越大。

示例视频

第四章　攀、爬、钻、滚类游戏

20 赛龙舟

增高: ★★★☆☆
减脂: ★★★☆☆
防近视: ★★★☆☆

适合年龄: 3~6岁。

运动目标: 发展身体协调能力、上肢力量与相互配合的能力,锻炼爬的运动技能。

玩法: 孩子和家长屈膝坐在地上,双手放在身后撑住身体,孩子坐在家长的两腿之间。游戏开始,家长和孩子同时双臂用力撑着地面,臀部前移,然后手脚前移,循环此套动作。

运动要求: 成功完成5米的长度。

特别提示:

"龙舟"在前进过程中不能断掉。

21 / 俯卧登山

增高：★★★☆☆
减脂：★★★☆☆
防近视：★★★☆☆

适合年龄： 3～10岁。

运动目标： 发展身体协调能力与下肢力量，锻炼爬的运动技能。

玩法： 家长和孩子四肢着地，做俯卧撑状，然后双手固定不动，双脚有节奏地前后交替跨蹬。

运动要求： 完成3组动作，每组做10次。

特别提示：

在地毯或者防滑垫上进行游戏，避免脚滑，伤到韧带。

示例视频

22 | 搬书游戏

增高：★★★☆☆
减脂：★★☆☆☆
防近视：★★☆☆☆

适合年龄： 3~6岁。

运动目标： 发展身体协调能力与四肢力量，锻炼爬的运动技能。

玩法： 孩子做熊爬姿势（四肢着地，膝盖悬空），家长将书平放在孩子的背上，孩子以熊爬的姿势运送，前进过程中书不能掉落。

运动要求： 完成3次运送，每次运送5米长度，总计完成15米。

特别提示：

根据孩子的情况，增减书的数量。

23 / 直线自由滚

增高：★★☆☆☆
减脂：★★☆☆☆
防近视：★★★☆☆

适合年龄： 3～6岁。

运动目标： 发展身体协调能力与控制能力，锻炼滚的运动技能。

玩法： 设定一条直线，孩子躺在起点处，腰部压在线上，然后开始横向翻滚。翻滚过程中要控制身体，不能偏离轨道，到达终点后与家长击掌。

运动要求： 完成10米的长度。

特别提示：

建议在防滑垫上进行游戏。

示例视频

24 / 绳索救援

增高：★★☆☆☆
减脂：★★☆☆☆
防近视：★★☆☆☆

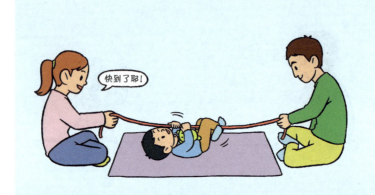

适合年龄： 3～6岁。

运动目标： 发展身体协调能力与四肢力量，锻炼爬与拉的运动技能。

玩法： 家长一与家长二持绳相对而坐，中间留出2米的空间。孩子仰躺在绳子下方，双腿钩住绳子，依靠双手拉动绳子前进，去"救援"家长一脚边的道具。

运动要求： 成功完成3次"救援"任务。

特别提示：

可以使用长布条作为绳索。

25 / 蜘蛛捕食

增高：⭐⭐☆☆☆
减脂：⭐⭐☆☆☆
防近视：⭐⭐⭐☆☆

适合年龄： 3~6岁。

运动目标： 发展身体协调能力与四肢力量，锻炼爬的运动技能。

玩法： 家长四肢着地撑起身体，孩子跪爬在家长身下。游戏开始，孩子向前爬，家长快速横向移动，笼罩住孩子。

运动要求： 完成10米的长度。

特别提示：

建议在软垫或地毯上进行游戏，避免孩子爬行过程中膝盖受伤。

示例视频

第四章 攀、爬、钻、滚类游戏

第五章

综合协调平衡感统类游戏

　　平衡是指身体所处的一种姿态，以及在运动或受到外力作用时能自动调整并维持姿势和动作的一种能力。平衡是幼儿的基础动作能力，是走、跑、跳、攀、登等动作的基础，平衡能力的早期开发训练直接影响到儿童以后运动能力的发展，它直接影响幼儿的前庭器官感觉、视觉、听觉和肌力。感觉统合是人体有效利用自身的感官，从外界获得不同的感觉信息，大脑对这些信息进行加工处理并做出适应性反应的能力。感觉统合训练游戏是改善身体协调，强化手眼协调及双侧肢体的平衡控制的有效方式。亲子游戏中的平衡和手眼协调能力锻炼也有助于改善综合感觉统合能力。

01 / 脚斗士游戏

增高：★★☆☆☆
减脂：★★☆☆☆
防近视：★★★☆☆

适合年龄： 3~10岁。

运动目标： 发展反应能力与敏捷性，锻炼平衡的运动技能。

玩法： 家长和孩子手拉手，分别用自己的脚去踩对方的脚，同时要不断躲避，避免被踩到。计算1分钟内可以踩到对方的脚多少次。

运动要求： 完成3轮游戏。

特别提示：

建议在室内进行，不穿鞋玩游戏。

示例视频

第五章　综合协调平衡感统类游戏

02 / 连环钻钻钻

增高：★★★☆☆
减脂：★★☆☆☆
防近视：★★★☆☆

适合年龄： 3～6岁。

运动目标： 发展身体协调能力与柔韧性，锻炼转的运动技能。

玩法： 准备一根小短绳，家长和孩子双手各执一端，然后同时扭转身体，让小短绳从双方的头上绕过，最后回到原点，反复进行。

运动要求： 总共转21圈。

特别提示：

可以先正向绕3圈，再反向绕3圈，以防头晕。

示例视频

03 | 魔力小短绳练操

增高：★★☆☆☆
减脂：★★☆☆☆
防近视：★★★☆☆

适合年龄： 3～6岁。

运动目标： 发展身体协调能力与柔韧性，锻炼钻的运动技能。

玩法： 孩子跟着家长练习，双手分握短绳的两端，双臂伸直举过头顶，然后向前下方移动，先通过双脚，然后通过后背、头部，最后回到原位。

运动要求： 完成10轮动作。

特别提示：

　　根据孩子的身形选择合适的短绳，太短无法顺利完成动作，太长没有运动效果。

示例视频

04 / 我的小长腿

增高：★★★★☆
减脂：★★☆☆☆
防近视：★★★☆☆

适合年龄：6～10岁。

运动目标：发展腰腹与下肢力量，锻炼踢的运动技能。

玩法：孩子屈膝仰躺在地上，家长站在孩子的腿边，双手拿一个道具悬于孩子双腿上方。孩子合并双腿，用双脚努力去踢道具，家长要不断调整道具的高度。

运动要求：完成3轮游戏，每轮游戏1分钟。

特别提示：

建议在软垫上进行游戏，避免孩子身体落地时受伤。

示例视频

05 / 搬石头过河

增高：★★☆☆☆
减脂：★★★☆☆
防近视：★★★☆☆

适合年龄： 3~6岁。

运动目标： 发展身体协调能力，锻炼走的运动技能。

玩法： 家长和孩子各拿两本书，并排站在起点，双脚踩在其中一本书上。然后蹲下将另一本书放在前面，双脚踩上去，再拿起刚踩过的书循环之前的动作，看谁先到终点。

运动要求： 完成3轮游戏。

特别提示：

家长要注意让着孩子，让孩子有赢有输。

示例视频

第五章　综合协调平衡感统类游戏

06 移动篮筐

增高：★★☆☆☆
减脂：★★☆☆☆
防近视：★★★★☆

适合年龄： 6~10岁。

运动目标： 发展身体协调能力、反应能力与灵敏性，锻炼跑的运动技能。

玩法： 家长和孩子之间保持一定距离，孩子抱着废纸桶去接家长扔出的球。然后互换角色进行，家长抱着废纸桶去接孩子扔出的球。

运动要求： 成功接住6个球。

特别提示：

建议在空旷的场地上进行游戏，避免发生碰撞导致受伤。

07 / 波比跳

增高:★★★★★
减脂:★★★★☆
防近视:★★★☆☆

适合年龄： 6~10岁。

运动目标： 发展腰腹与四肢力量，锻炼跳的运动技能。

玩法： 家长和孩子四肢着地，呈俯卧撑的姿势，然后同时向前收腿，再向上跳，跳起后双手举过头顶击掌。循环此套动作。

运动要求： 完成10个标准动作。

特别提示：

建议在摩擦力大的地面上进行游戏，避免孩子脚底打滑摔在地上。

示例视频

08 / 足足相传

增高：★★★☆☆
减脂：★★★☆☆
防近视：★★★☆☆

适合年龄：6～10岁。

运动目标：发展腰腹与下肢力量，锻炼平衡能力。

玩法：家长一、家长二和孩子坐成一排，家长一用双脚夹道具传给家长二，家长二用双脚接过道具再传给孩子，孩子最后将用双脚接过来的道具放到储物盒里。传递过程中双脚和道具都不能落地。

运动要求：成功传递6个道具。

特别提示：

不要选择硬质、尖角的玩具作为道具，避免被划伤。

09 / 穿针引线

增高：★★☆☆☆
减脂：★★☆☆☆
防近视：★★☆☆☆

适合年龄： 6～10岁。

运动目标： 发展腰腹力量，锻炼平衡的运动技能。

玩法： 家长和孩子并排坐在地上，屈膝抬起双脚。家长用左手拿起放在身体左侧的道具，从膝盖下方递到右手，右手将道具递到孩子的左手，孩子重复家长动作之后将道具放在自己的右手边。循环此过程，游戏过程中只有臀部着地。

运动要求： 成功传递10个道具。

特别提示：

若孩子不能保持平衡，可以在孩子的后腰处放一个抱枕，起到一定的支撑作用。

示例视频

10 / 萝卜蹲

增高：★★★☆☆
减脂：★★☆☆☆
防近视：★★☆☆☆

适合年龄： 3～10岁。

运动目标： 发展反应能力，锻炼平衡的运动技能。

玩法： 家长和孩子先以颜色给萝卜命名，然后各自选一个代表自己。一边喊口令一边蹲，发布命令时指向所说的萝卜。谁没有反应过来即失败。

口令： "蓝萝卜蹲，蓝萝卜蹲，蓝萝卜蹲完红萝卜蹲。"

运动要求： 完成3轮游戏即可。

特别提示：

1. 该游戏人数越多越好；

2. 游戏过程中，家长喊口令的时候可以慢一点，留给孩子反应的时间。

11 虎口夺食

增高：★★☆☆☆
减脂：★★☆☆☆
防近视：★★★★☆

适合年龄： 3~6岁。

运动目标： 发展反应能力与灵敏性，锻炼平衡的运动技能。

玩法： 家长手持一根软棒蒙眼站立，脚下放置一些道具，然后旋转身体带动软棒转动，孩子要寻找机会去拿家长脚下的道具，并且不能被软棒打到。

运动要求： 完成3轮游戏。

特别提示：

家长要控制旋转的速度，不能让孩子很容易就拿走脚下的道具。

示例视频

第五章 综合协调平衡感统类游戏

12 / 小心地雷

增高：★★☆☆☆
减脂：★★★☆☆
防近视：★★★☆☆

适合年龄： 3～6岁。

运动目标： 发展腰腹与下肢力量，锻炼平衡的运动技能。

玩法： 家长和孩子相对而坐，伸直双腿，脚踝处各放两个道具，家长和孩子的双腿在两个道具之间交替起落，保持频率相同，这期间不能碰到道具。

运动要求： 完成3轮游戏，每轮游戏1分钟。

特别提示：

可以增加道具的高度，加大抬腿的难度。

示例视频

13 / 小矮人争夺战

增高：★★☆☆☆
减脂：★★☆☆☆
防近视：★★★☆☆

适合年龄： 3~6岁。

运动目标： 发展反应能力与下肢力量，锻炼走的运动技能。

玩法： 准备一个软抱枕或者软包凳，家长和孩子以半蹲的姿势围着其绕圈，当"抢"的口令出来后，谁先坐到软抱枕或者软包凳上则获胜。

运动要求： 完成3轮游戏，并成功抢到1次。

特别提示：

家长要注意让着孩子，以给其赢的机会。

示例视频

第五章 综合协调平衡感统类游戏

14 / 地板乒乓球

增高：★★☆☆☆
减脂：★★☆☆☆
防近视：★★★★☆

适合年龄： 6~10岁。

运动目标： 发展身体协调能力与敏捷性，锻炼拍的运动技能。

玩法： 在两个家具之间拉一根线，长度1.5米左右，家长和孩子持拍各站一边，开始进行乒乓球比赛。

运动要求： 完成11轮比赛。

特别提示：

挑选不易倒的家具，防止孩子受伤。

15 / 石头、剪刀、布

增高：★★★☆☆
减脂：★★★☆☆
防近视：★★★☆☆

适合年龄： 3~6岁。

运动目标： 发展身体协调能力与反应能力，锻炼跳的运动技能。

玩法： 家长和孩子用双脚比出石头、剪刀、布的姿势，根据"石头＞剪刀，剪刀＞布，布＞石头"的规则，判定输赢。双脚合并为石头，双脚横向分开为布，双脚前后分开为剪刀。

运动要求： 完成11轮游戏。

特别提示：

　　游戏开始前，规定惩罚制度，输的一方接受惩罚，比如帮对方捶捶背。

示例视频

第五章　综合协调平衡感统类游戏

16 / 愿者上钩

增高：★★★★★
减脂：★★★☆☆
防近视：★★★★☆

适合年龄： 3～6岁。

运动目标： 发展反应能力与敏捷性，锻炼跑和跳的运动技能。

玩法： 家长手持一根长棍，长棍末端系一根细绳，绳子末端绑一个纸团做饵，家长不断上下左右地晃动纸团，孩子跑跳着去抓纸团。

运动要求： 完成3轮游戏。

特别提示：

　　游戏空间不足的情况下，可左右晃动的幅度稍小，上下晃动的幅度稍大。

示例视频

17 / 平板射门

增高：★★★☆☆
减脂：★★★☆☆
防近视：★★★★☆

适合年龄： 6～10岁。

运动目标： 发展身体协调能力、反应能力与四肢力量，锻炼推的运动技能。

玩法： 家长和孩子相对呈俯卧撑姿势趴在地上，家长用手将沙包推到孩子的双手之间，孩子要接住沙包，不能让沙包射门成功，然后反过来将沙包推到家长的双手之间。

运动要求： 成功射门3次。

特别提示：

　　家长和孩子之间的距离越远，接住沙包的机会越大。

18 / 传递小球

增高：★★☆☆☆
减脂：★★☆☆☆
防近视：★★★★☆

适合年龄： 3~6岁。

运动目标： 发展身体协调能力与相互配合的能力，锻炼走的运动技能。

玩法： 准备两本书和一些乒乓球，家长和孩子分别用双手将书握成半圆形通道，然后沿着通道从起点往终点运送乒乓球。运送过程中乒乓球不能落地，若落地则须从头开始。

运动要求： 成功运送6个乒乓球。

特别提示：

根据孩子的实际情况设定起点到终点的距离，距离越长，难度越大。

示例视频

19 / 鲤鱼摆尾

增高：★★★☆☆
减脂：★★★☆☆
防近视：★★★☆☆

适合年龄： 3～6岁。

运动目标： 发展身体控制能力与腰部力量，锻炼平衡的运动技能。

玩法： 家长和孩子头顶头仰躺在软垫上，家长双手握住孩子的双手，双方同时用力将双腿并拢往头部的方向抬起，抬起的角度需大于等于90度。

运动要求： 完成10次动作。

特别提示：

家长可以先指导孩子做动作，再进行双人游戏。

20 / 飞机起飞

增高：⭐⭐⭐⭐☆
减脂：⭐⭐⭐☆☆
防近视：⭐⭐⭐☆☆

适合年龄： 3～6岁。

运动目标： 发展上肢与腰腹力量,锻炼平衡的运动技能。

玩法： 家长屈膝躺在地上,双手上举,握着孩子的手。孩子的腰胯部压在家长的膝盖上,家长前后晃动,制造飞机起飞时震动的感觉。

运动要求： 累计完成1分钟的游戏时间。

特别提示：

建议在软垫上进行游戏,避免孩子摔落受伤。

21 金鸡独立

增高：★★★☆☆
减脂：★★☆☆☆
防近视：★★☆☆☆

适合年龄： 3～6岁。

运动目标： 发展专注度，锻炼平衡的运动技能。

玩法： 家长和孩子手拉手并排站立，并分别抬起各自的一只脚，然后闭上眼睛，保持单脚站立。

运动要求： 完成15秒的闭眼单脚站立即可。

特别提示：

可在脚背上放一些道具，增加难度。

示例视频

22 马车驾驾驾

增高：★★★★☆
减脂：★★☆☆☆
防近视：★★☆☆☆

适合年龄： 3～6岁。

运动目标： 发展腰腹与上肢力量，锻炼平衡的运动技能。

玩法： 家长盘腿坐在地上，孩子屈膝趴在地上，家长从背后拉起孩子的双手，上下轻微晃动，像是在赶马车。

运动要求： 累计完成1分钟的游戏时间。

特别提示：

建议在软垫上进行游戏，避免发生磕碰。

23 / 一飞冲天

增高：★★★☆☆
减脂：★★☆☆☆
防近视：★★☆☆☆

适合年龄： 3～6岁。

运动目标： 发展四肢力量，锻炼平衡的运动技能。

玩法： 家长平躺在地上，孩子趴在家长身上，双手撑住家长的小腿，家长双手握住孩子的脚腕。然后家长上半身起来，用双臂将孩子的双腿举起。

运动要求： 完成10组动作。

特别提示：

　　家长要控制好速度和高度，避免孩子身体翻转，造成伤害。

示例视频

24 | 海盗船

增高：⭐⭐☆☆☆
减脂：⭐⭐☆☆☆
防近视：⭐⭐☆☆☆

适合年龄： 3~6岁。

运动目标： 发展空间认知能力与相互配合的能力，锻炼平衡的运动技能。

玩法： 家长平躺在地上，孩子仰躺在家长身上，双手握住家长的双臂，家长用手扶住孩子的胯部，上半身和双腿交替抬起，让孩子有一种坐海盗船的感觉。

运动要求： 完成20组动作。

特别提示：

　　家长要控制好前后晃动的速度和幅度，避免用力过大，导致孩子摔落受伤。

25 / 抓娃娃

增高：★★☆☆☆
减脂：★★☆☆☆
防近视：★★★☆☆

适合年龄： 6～10岁。

运动目标： 发展上肢力量与相互配合的能力，锻炼平衡的运动技能。

玩法： 地上画一条线，线的一边放几个道具。孩子的一只脚贴线站，家长在孩子身后拉着其一只手臂，孩子尽最大可能用另一只手拿到道具。

运动要求： 成功拿到6个道具。

特别提示：

根据孩子的情况，调整道具和线之间的距离。

示例视频

第五章 综合协调平衡感统类游戏

26 / 膝盖撑地击掌

增高：★★☆☆☆
减脂：★★★☆☆
防近视：★★★☆☆

适合年龄： 3~10岁。

运动目标： 发展四肢力量，锻炼平衡的运动技能。

玩法： 家长和孩子相对而跪，双手撑地，抬起双脚，仅膝盖和手掌触地，然后双方有节奏地相互单手击掌。

运动要求： 完成30次击掌。

特别提示：

不断加快击掌的速度，可以锻炼孩子的反应能力。

示例视频

27 | 传送带抛接球

增高：★★☆☆☆
减脂：★★☆☆☆
防近视：★★★☆☆

适合年龄： 3～10岁。

运动目标： 发展身体协调能力与反应能力，锻炼投的运动技能。

玩法： 家长双膝跪地，孩子仰躺在垫子上，伸直双腿。然后将双脚放在家长的肚子上，家长将球顺着孩子的腿滚下，孩子同时将球抛向家长，循环往复。

运动要求： 完成10个来回。

特别提示：

　　家长配合孩子，控制抛球的速度，让孩子可以顺利接到球并抛出。

28 / 自动雨刮器

增高：★★★☆☆
减脂：★★★☆☆
防近视：★★☆☆☆

适合年龄： 3~10岁。

运动目标： 发展下肢力量和柔韧性，锻炼平衡的运动技能。

玩法： 家长和孩子仰躺在墙边，臀部抵住墙壁，双腿伸直放在墙上，两条腿不断合并、分开、合并，就像雨刮器一样，小雨速度慢，大雨速度快。

运动要求： 完成1分钟的游戏时间。

特别提示：
　　尽可能大角度地分开双腿，拉伸韧带。

示例视频

29 旋转飞毛腿

增高：★★★☆☆
减脂：★★☆☆☆
防近视：★★☆☆☆

适合年龄： 6～10岁。

运动目标： 发展身体协调能力与柔韧性，锻炼踢的运动技能。

玩法： 准备一个凳子，家长在凳子上放上道具。孩子站在凳边，一条腿直立站在地上，另一条腿抬起与其成90°角，然后旋转身体，用抬起的腿将道具击落。

运动要求： 成功击落6个道具。

特别提示：

1. 不要选择硬质、尖角的玩具作为道具，避免被划伤；

2. 凳子高度要大于孩子的小腿长度。

示例视频

第五章 综合协调平衡感统类游戏

30 / 横扫千军

增高：★★★☆☆
减脂：★★☆☆☆
防近视：★★★☆☆

适合年龄： 6～10岁。

运动目标： 发展四肢与腰腹力量，锻炼平衡的运动技能。

玩法： 孩子趴在地上呈俯卧撑的姿势，家长拿一根软棒，从孩子的手下扫过，棍子所到之处，孩子要及时抬手避让，不然会被打到。

运动要求： 成功避让10次。

特别提示：

家长要注意控制软棒的移动速度，由慢及快。

31 / 摇小船

增高：★★★☆☆
减脂：★★☆☆☆
防近视：★★☆☆☆

适合年龄： 3～10岁。

运动目标： 发展身体协调能力与上肢力量，锻炼拉的运动技能。

玩法： 家长和孩子手拉手，盘膝相对而坐。孩子上身先往后躺，直到头将碰到地面时，家长拉回孩子的上身，然后和孩子做一样的动作向后仰，就像小船的两端一样，摆动起来。

运动要求： 完成10个来回。

特别提示：

　　家长在后仰和起来的时候要控制重力，给孩子适当的拉力，不要太大。

示例视频

第五章　综合协调平衡感统类游戏

32 / 大鹏展翅

增高：★★☆☆☆
减脂：★★☆☆☆
防近视：★★☆☆☆

适合年龄：3~6岁。

运动目标：发展四肢力量，锻炼平衡的运动技能。

玩法：家长屈膝半蹲，双手拉着孩子的双手，然后让孩子的双脚站在自己的膝盖上。孩子站稳后与家长同时微微侧转，并松开一只手，呈现"大鹏展翅"的形态。

运动要求：保持姿势10秒。

特别提示：

建议在软垫上进行游戏，避免孩子掉落受伤。

33 / 接住反弹球

增高：★★☆☆☆
减脂：★★☆☆☆
防近视：★★★★☆

适合年龄： 6～10岁。

运动目标： 发展身体协调能力和反应能力，锻炼跑的运动技能。

玩法： 孩子双手拿着纸盒面对墙壁，家长站在孩子的背后将球扔向墙壁，孩子要用纸盒接住反弹的球。

运动要求： 成功接住10个球。

特别提示：

1. 建议在空旷的墙面处进行游戏；
2. 孩子不宜离墙面太近，太近不容易接到球。

34 滚滚保温杯

增高：★★★☆☆
减脂：★★☆☆☆
防近视：★★☆☆☆

适合年龄： 3～6岁。

运动目标： 发展身体控制能力与下肢力量，锻炼平衡的运动技能。

玩法： 孩子站在保温杯上，用脚控制保温杯向前滚，家长用手扶着孩子的手，防止其摔倒。

运动要求： 站在保温杯上成功前进3米。

特别提示：

建议在软垫或者地毯上进行游戏，避免因地面太滑使得孩子受伤。

35 / 亲子夹物机

增高：★★☆☆☆
减脂：★★★☆☆
防近视：★★☆☆☆

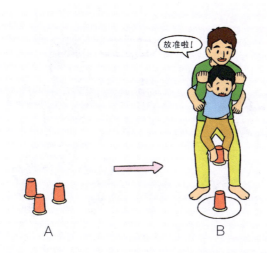

适合年龄： 3～6岁。

运动目标： 发展四肢力量，锻炼平衡的运动技能。

玩法： 家长双臂穿过孩子的腋下，将孩子抬起来，孩子用双脚夹起A处的纸杯，家长抬着孩子移动到B处后，孩子将纸杯放下。循环此套动作。

运动要求： 成功运输6个纸杯。

特别提示：

根据孩子的实际情况，设定运输的纸杯数量。

36 / 负重深蹲

增高：★★★☆☆
减脂：★★★☆☆
防近视：★★★☆☆

适合年龄： 6~10岁。

运动目标： 发展四肢力量，锻炼平衡的运动技能。

玩法： 家长和孩子双手各拿两个重物，然后双脚分开与肩齐，并打开双臂，臀部向下蹲，至膝盖的位置，再站起来，双臂要保持伸直打开的状态。循环此套动作。

运动要求： 成功完成10个动作。

特别提示：

　　挑选合适重量的物体，不宜太重，可以选择瓶装500毫升的矿泉水。

示例视频

37 / 魔术棒对抗

增高：★★☆☆☆
减脂：★★★☆☆
防近视：★★★★☆

适合年龄： 3～6岁。

运动目标： 发展身体协调能力，锻炼走与跑的运动技能。

玩法： 家长和孩子相对而站，各自手持2根魔术棒，一方攻击，一方防守，然后互换攻守方，攻守双方的时间都为1分钟。

运动要求： 完成3轮攻守比赛。

特别提示：

用魔术棒进行防守和攻击，尽量不要打到对方身体。

示例视频

38 / 找准时机

增高：★★☆☆☆
减脂：★★☆☆☆
防近视：★★★★☆

适合年龄： 3~6岁。

运动目标： 发展反应能力与灵敏性，锻炼平衡的运动技能。

玩法： 在桌子上放一些道具，家长在上方拿着垂有重物的绳子，在道具前摇晃。孩子要看准时机，避开悬垂的重物，拿到道具。

运动要求： 成功避开悬垂的重物，拿到3个道具。

特别提示：

不要选择硬质、尖角的玩具作为道具，避免孩子的手被划伤。

示例视频

第六章

学龄前儿童体质测试

一、体质测试的定义

体质是人体的质量,是人体健康状况和对外界的适应能力,是在先天遗传因素和后天环境因素(如营养、体育锻炼等)共同影响下表现出来的人体形态结构、生理功能和心理功能等综合的相对稳定的特征。

体质测试是通过一系列科学的检查和测试,评价幼儿身体形态、机能和素质状况,以更全面地了解幼儿的生长发育和健康水平。体质监测则是对一个国家或地区的民众(包括幼儿群体)进行体质测试,以了解群体体质状况。

二、体质测试的目的

1. 了解幼儿的身体形态(包括体格)、机能及身体素质状况;
2. 及时发现幼儿身体机能和生长发育的不足,有效预防和干预幼儿的不良发展趋势;
3. 获得科学健身指导,掌握有效的锻炼手段和方法;
4. 了解疾病防治的有关知识,及早纠正不健康的生活习惯和行为,减少引发疾病的危险因素;
5. 对以往的锻炼效果作出评估,通过改善和调整锻炼计划,使锻炼更有效;
6. 了解我国国民体质现状和变化规律。

三、体格发育测试的意义

1. 体格发育测试指标的选择应根据不同年龄阶段的特殊性而定,身高、体重是最基本的指标。

2. 生长发育是儿童时期的基本生命现象,包括体格发育、内脏器官系统发育、神经心理发育等。儿童体格发育测试是儿童保健的基础工作,不仅反映儿童生长发育趋势和可能影响儿童生长发育的危险因素,还间接反映一个国家和地区的政治、经济、文化的发展水平。

四、评定方法与标准

学前儿童体质测试根据学前儿童体质测试指标(表6-1),可采用单项评分和综合评级(表6-2)进行评定。单项评分包括身高标准体重评分(表6-3、表6-4)和其他单项指标评分(表6-5至表6-18),采用5分制。综合评级是根据受试者各单项得分之和确定,共分四个等级:一级(优秀)、二级(良好)、三级(合格)、四级(不合格)。单项指标中,任意一项指标无分者,不进行综合评级。

表6-1 学前儿童体质测试指标

类 别	测试指标
形 态	身高 体重

(续表)

类　别	测试指标
素　质	坐位体前屈 10米折返跑 立定跳远 网球掷远 双脚连续跳 走平衡木

表6-2　综合评级标准

等　级	得　分
一级（优秀）	>31分
二级（良好）	28～31分
三级（合格）	20～27分
四级（不合格）	<20分

五、测试方法

（一）身体形态

身体形态即身体的外部形状和特征，身体形态指标反映了幼儿当前的发育水平及体型、身体姿态和营养状况。

1. 身高：反映人体骨骼纵向生长水平。

测试时，受试者赤脚、呈立正姿势站在身高计的底板上（躯干挺直，上肢自然下垂，脚跟并拢，脚尖分开约呈60°），脚跟、骶骨部及两肩胛间与身高计的立柱接触，头部正直，两眼平视前方,耳屏上缘与眼眶下缘最低点呈水平状态(图6-1)。记录以厘米为单位,保留小数点后一位。

图6-1　身高测试

2. 体重:反映人体发育程度和营养状况。

测试时,受试者自然站在体重秤中央,站稳后,读取数据(图6-2)。记录以千克为单位,保留小数点后一位。

表6-3和表6-4分别呈现了3～6岁男、女儿童身高标准体重信息。数据来源于国家体育总局编的《国民体质测定标准手册》(幼儿部分)。

图6-2　体重测试

表6-3　3～6岁儿童身高标准体重评分表（男）

身高段（厘米）	体重（千克）				
	1分	3分	5分	3分	1分
76.0～76.9	<8.6	8.6～9.3	9.4～11.7	11.8～12.4	>12.4
77.0～77.9	<8.7	8.7～9.5	9.6～11.8	11.9～12.5	>12.5
78.0～78.9	<8.9	8.9～9.7	9.8～11.9	12.0～12.6	>12.6
79.0～79.9	<9.1	9.1～9.8	9.9～12.1	12.2～12.8	>12.8
80.0～80.9	<9.2	9.2～10.0	10.1～12.3	12.4～12.9	>12.9
81.0～81.9	<9.4	9.4～10.1	10.2～12.5	12.6～13.1	>13.1
82.0～82.9	<9.6	9.6～10.2	10.3～12.7	12..8～13.3	>13.3
83.0～83.9	<9.8	9.8～10.4	10.5～12.9	13.0～13.5	>13.5
84.0～84.9	<10.0	10.0～10.5	10.6～13.1	13.2～13.8	>13.8
85.0～85.9	<10.1	10.1～10.7	10.8～13.3	13.4～14.0	>14.0
86.0～86.9	<10.3	10.3～10.9	11.0～13.6	13.7～14.2	>14.2
87.0～87.9	<10.5	10.5～11.1	11.2～13.8	13.9～14.5	>14.5
88.0～88.9	<10.7	10.7～11.3	11.4～14.0	14.1～14.7	>14.7
89.0～89.9	<10.9	10.9～11.5	11.6～14.3	14.4～14.9	>14.9
90.0～90.9	<11.1	11.1～11.7	11.8～14.5	14.6～15.2	>15.2
91.0～91.9	<11.3	11.3～11.9	12.0～14.7	14.8～15.4	>15.4
92.0～92.9	<11.3	11.3～12.1	12.2～15.0	15.1～15.6	>15.6
93.0～93.9	<11.7	11.7～12.3	12.4～15.2	15.3～15.9	>15.9
94.0～94.9	<11.9	11.9～12.5	12.6～15.4	15.5～16.1	>16.1
95.0～95.9	<12.1	12.1～12.7	12.8～15.7	15.8～16.4	>16.4

（续表）

身高段（厘米）	体重（千克）				
	1分	3分	5分	3分	1分
96.0~96.9	<12.4	12.4~12.9	13.0~16.0	16.1~16.6	>16.6
97.0~97.9	<12.6	12.6~13.2	13.3~16.2	16.3~16.9	>16.9
98.0~98.9	<12.8	12.8~13.5	13.6~16.5	16.6~17.2	>17.2
99.0~99.9	<13.0	13.0~13.7	13.8~16.8	16.9~17.5	>17.5
100.0~100.9	<13.3	13.3~14.0	14.1~17.0	17.1~17.7	>17.7
101.0~101.9	<13.5	13.5~14.3	14.4~17.3	17.4~18.0	>18.0
102.0~102.9	<13.7	13.7~14.6	14.7~17.6	17.7~18.3	>18.3
103.0~103.9	<13.9	13.9~14.9	15.0~17.9	18.0~18.6	>18.6
104.0~104.9	<14.1	14.1~15.2	15.3~18.2	18.3~18.9	>18.9
105.0~105.9	<14.4	14.4~15.6	15.7~18.5	18.6~19.3	>19.3
106.0~106.9	<14.6	14.6~15.8	15.9~18.8	18.9~19.6	>19.6
107.0~107.9	<14.8	14.8~16.0	16.1~19.1	19.2~19.9	>19.9
108.0~108.9	<15.0	15.0~16.2	16.3~19.4	19.5~20.3	>20.3
109.0~109.9	<15.3	15.3~16.5	16.6~19.9	20.0~20.7	>20.7
110.0~110.9	<15.6	15.6~16.8	16.9~20.2	20.2~21.0	>21.0
111.0~111.9	<15.9	15.9~17.1	17.2~20.5	20.6~21.4	>21.4
112.0~112.9	<16.2	16.2~17.4	17.5~20.9	21.0~21.9	>21.9
113.0~113.9	<16.5	16.5~17.7	17.8~21.3	21.4~22.2	>22.2
114.0~114.9	<16.8	16.8~17.9	18.0~21.8	21.9~22.6	>22.6
115.0~115.9	<17.1	17.1~18.1	18.2~22.1	22.2~23.1	>23.1

（续表）

身高段（厘米）	体重（千克）				
	1分	3分	5分	3分	1分
116.0～116.9	<17.4	17.4～18.3	18.4～22.5	22.6～23.5	>23.5
117.0～117.9	<17.8	17.8～18.5	18.6～22.9	23.0～24.0	>24.0
118.0～118.9	<18.1	18.1～18.7	18.8～23.4	23.5～24.5	>24.5
119.0～119.9	<18.5	18.5～18.9	19.0～23.8	23.9～25.0	>25.0
120.0～120.9	<18.9	18.9～19.2	19.3～24.3	24.4～25.5	>25.5
121.0～121.9	<19.3	19.3～19.5	19.6～24.7	24.8～26.0	>26.0
122.0～122.9	<19.6	19.6～20.0	20.1～25.3	25.4～26.5	>26.5
123.0～123.9	<20.0	20.0～20.4	20.5～25.8	25.9～27.1	>27.1
124.0～124.9	<20.4	20.4～20.8	20.9～26.3	26.4～27.7	>27.7
125.0～125.9	<20.8	20.8～21.3	21.4～26.9	27.0～28.3	>28.3
126.0～126.9	<21.2	21.2～21.7	21.8～27.4	27.5～28.9	>28.9
127.0～127.9	<21.6	21.6～22.2	22.3～28.0	28.1～29.5	>29.5
128.0～128.9	<22.0	22.0～22.6	22.7～28.6	28.7～30.2	>30.2
129.0～129.9	<22.5	22.5～23.1	23.2～29.2	29.3～30.9	>30.9
130.0～130.9	<22.9	22.9～23.6	23.7～29.8	29.9～31.6	>31.6
131.0～131.9	<23.4	23.4～24.1	24.2～30.5	30.6～32.3	>32.3
132.0～132.9	<23.8	23.8～24.6	24.7～31.2	31.3～33.1	>33.1
133.0～133.9	<24.3	24.3～25.1	25.2～31.9	32.0～33.8	>33.8
134.0～134.9	<24.8	24.8～25.7	25.8～32.7	32.8～34.6	>34.6
135.0～135.9	<25.3	25.3～26.2	26.3～33.4	33.5～35.5	>35.5

(续表)

身高段（厘米）	体重（千克）				
	1分	3分	5分	3分	1分
136.0~136.9	<25.8	25.8~26.8	26.9~34.2	34.3~36.3	>36.3
137.0~137.9	<26.3	26.3~27.4	27.5~35.0	35.1~36.9	>36.9
138.0~138.9	<26.8	26.8~28.0	28.1~35.8	35.9~37.5	>37.5
139.0~139.9	<27.4	27.4~28.6	28.7~36.6	36.7~38.2	>38.2
140.0~140.9	<27.9	27.9~29.2	29.3~37.5	37.6~38.9	>38.9
141.0~141.9	<28.4	28.4~29.9	30.0~38.5	38.6~39.7	>39.7
142.0~142.9	<29.0	29.0~30.6	30.7~39.6	39.7~40.6	>40.6
143.0~143.9	<29.7	29.7~31.3	31.4~40.6	40.7~41.6	>41.6
144.0~144.9	<30.4	30.4~31.9	32.0~41.7	41.8~42.6	>42.6
145.0~145.9	<31.0	31.0~32.5	32.6~42.7	42.8~43.7	>43.7

表6-4　3~6岁儿童身高标准体重评分表（女）

身高段（厘米）	体重（千克）				
	1分	3分	5分	3分	1分
76.0~76.9	<8.9	8.9~9.0	9.1~11.6	11.7~12.9	>12.9
77.0~77.9	<9.0	9.0~9.1	9.2~11.8	11.9~13.1	>13.1
78.0~78.9	<9.1	9.1~9.3	9.4~12.0	12.1~13.2	>13.2
79.0~79.9	<9.3	9.3~9.5	9.6~12.2	12.3~13.3	>13.3
80.0~80.9	<9.5	9.5~9.7	9.8~12.4	12.5~13.5	>13.5
81.0~81.9	<9.7	9.7~10.0	10.1~12.6	12.7~13.7	>13.7

(续表)

身高段（厘米）	体重（千克）				
	1分	3分	5分	3分	1分
82.0～82.9	<9.9	9.9～10.2	10.3～12.8	12.9～13.9	>13.9
83.0～83.9	<10.1	10.1～10.4	10.5～13.1	13.2～14.1	>14.1
84.0～84.9	<10.3	103.～10.6	10.7～13.3	13.4～14.4	>14.4
85.0～85.9	<10.5	10.5～10.8	10.9～13.5	13.6～14.6	>14.6
86.0～86.9	<10.7	10.7～11.0	11.1～13.7	13.8～14.8	>14.8
87.0～87.9	<10.9	10.9～11.2	11.3～14.0	14.1～15.1	>16.1
88.0～88.9	<11.1	11.1～11.4	11.5～14.2	14.3～15.3	>15.3
89.0～89.9	<11.3	11.3～11.6	11.7～14.4	14.5～15.6	>15.6
90.0～90.9	<11.5	11.5～11.8	11.9～14.7	14.8～15.8	>15.8
91.0～91.9	<11.7	11.7～12.1	12.2～14.9	15.0～16.1	>16.1
92.0～92.9	<11.9	11.9～12.3	12.4～15.2	15.3～16.3	>16.3
93.0～93.9	<12.1	12.1～12.5	12.6～15.4	15.5～16.6	>16.6
94.0～94.9	<12.3	12.3～12.7	12.8～15.7	15.8～16.8	>16.8
95.0～95.9	<12.5	12.5～13.0	13.1～15.9	16.0～17.1	>17.1
96.0～96.9	<12.7	12.7～13.2	13.3～16.2	16.3～17.4	>17.4
97.0～97.9	<13.0	13.0～13.4	13.5～16.5	16.6～17.7	>17.7
98.0～98.9	<13.2	13.2～13.7	13.8～16.7	16.8～18.0	>18.0
99.0～99.9	<13.4	13.4～13.9	14.0～17.0	17.1～18.2	>18.2
100.0～100.9	<13.6	13.6～14.2	14.3～17.3	17.4～18.5	>18.5
101.0～101.9	<13.9	13.9～14.6	14.5～17.6	17.7～18.8	>18.8

（续表）

身高段（厘米）	体重（千克）				
	1分	3分	5分	3分	1分
102.0～102.9	<14.1	14.1～14.7	14.8～17.9	18.0～19.1	>19.1
103.0～103.9	<14.3	14.3～14.9	15.0～18.2	18.3～19.5	>19.5
104.0～104.9	<14.6	14.6～15.2	15.3～18.5	18.6～19.8	>19.8
105.0～105.9	<14.8	14.8～15.5	15.6～18.8	18.9～20.1	>20.1
106.0～106.9	<15.1	15.1～15.7	15.8～19.1	19.2～20.4	>20.4
107.0～107.9	<15.4	15.4～16.0	16.1～19.4	19.5～20.8	>20.8
108.0～108.9	<15.6	15.6～16.3	16.4～19.8	19.9～21.1	>21.1
109.0～109.9	<15.9	15.9～16.6	16.7～20.1	20.2～21.5	>21.5
110.0～110.9	<16.2	16.2～16.9	17.0～20.5	20.6～21.8	>21.8
111.0～111.9	<16.5	16.5～17.2	17.3～20.8	20.9～22.2	>22.2
112.0～112.9	<16.8	16.8～17.5	17.6～21.2	21.3～22.6	>22.6
113.0～113.9	<17.1	17.1～17.8	17.9～21.6	21.7～23.0	>23.0
114.0～114.9	<17.4	17.4～18.2	18.3～21.9	22.0～23.4	>23.4
115.0～115.9	<17.7	17.7～18.5	18.6～22.2	22.3～23.8	>23.8
116.0～116.9	<18.0	18.0～18.8	18.9～22.8	22.9～24.3	>24.3
117.0～117.9	<18.4	18.4～19.2	19.3～23.2	23.3～24.8	>24.8
118.0～118.9	<18.7	18.7～19.6	19.7～23.7	23.8～25.2	>25.2
119.0～119.9	<19.1	19.1～20.2	20.3～24.1	24.2～25.8	>25.8
120.0～120.9	<19.4	19.4～20.5	20.6～24.6	24.7～26.3	>26.3
121.0～121.9	<19.8	19.8～20.8	20.9～25.0	25.1～26.9	>26.9

(续表)

身高段(厘米)	体重(千克)				
	1分	3分	5分	3分	1分
122.0~122.9	<20.2	20.2~21.2	21.3~25.4	25.5~27.5	>27.5
123.0~123.9	<20.6	20.6~21.6	21.7~25.8	25.9~28.1	>28.1
124.0~124.9	<21.0	21.0~22.0	22.1~26.2	26.3~28.7	>28.7
125.0~125.9	<21.4	21.4~22.5	22.6~26.5	26.6~29.4	>29.4
126.0~126.9	<21.8	21.8~23.0	23.1~26.9	27.0~30.2	>30.2
127.0~127.9	<22.2	22.2~23.4	23.5~27.3	27.4~30.9	>30.9
128.0~128.9	<22.7	22.7~24.0	24.1~27.8	27.9~31.7	>31.7
129.0~129.9	<23.1	23.1~24.5	24.6~28.3	28.4~32.6	>32.6
130.0~130.9	<23.6	23.6~25.0	25.1~28.8	28.9~33.4	>33.4
131.0~131.9	<24.1	24.1~25.6	25.7~29.3	29.4~34.4	>34.4
132.0~132.9	<24.6	24.6~26.1	26.2~29.7	29.8~35.3	>35.3
133.0~133.9	<25.1	25.1~26.7	26.8~30.2	30.3~36.3	>36.3
134.0~134.9	<25.7	25.7~27.3	27.4~30.7	30.8~37.4	>37.4
135.0~135.9	<26.2	26.2~28.0	28.1~31.2	31.3~38.5	>38.5
136.0~136.9	<26.7	26.7~28.6	28.7~31.7	31.8~39.7	>39.7
137.0~137.9	<27.4	27.4~29.4	29.5~32.3	32.4~40.6	>40.6

（二）身体素质

身体素质，通常指的是人体在运动中表现出来的速度、力量、灵敏、平衡及柔韧等方面的能力。幼儿素质指标则主要围绕走、跑、跳、爬、攀登、投掷、平衡等基本动作而设计。

1. 坐位体前屈（图6-3）：反映幼儿柔韧性，使用坐位体前屈测试仪测试。测试时，受试者坐在垫上，双脚伸直，脚跟并拢，脚尖自然分开，全脚掌蹬在测试仪平板上。然后掌心向下，双臂并拢平伸，上体前屈，用双手中指指尖推动游标平滑前移，直至不能移动为止。测试两次，取最大值，记录以厘米为单位，保留小数点后一位。

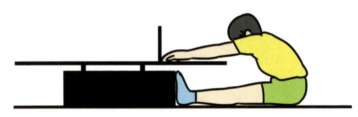

图6-3 坐位体前屈测试

2. 10米折返跑：反映幼儿的灵敏素质和速度素质。

10米折返跑项目，使用秒表测试。在平坦的地面上画长10米、宽1.22米的直线跑道若干条，在每条跑道折返线处设一手触物体（如木箱），在跑道起终点线外3米处画一条目标线（图6-4）。

图6-4 10米折返跑测试场地

测试时,受试者两人一组,以站立式起跑姿势站在起跑线前,当听到"跑"的口令后,全力跑向折返线,测试员视受试者起动开表计时。受试者跑到折返处用手触摸物体后,转身跑向目标线,当胸部到达起点线的垂直面时,测试员停表(图6-5)。记录以秒为单位,保留小数点后一位。小数点后第二位数按"非零进一"的原则进位,如10.11秒记录为10.2秒。

图6-5　10米折返跑测试

3. 立定跳远:测量幼儿原地向前跳跃的能力,反映幼儿下肢肌肉力量、爆发力和身体协调能力发展情况。本项目使用软地面、卷尺和三角板测试。测试时,受试者双脚自然分开,站立在起跳线后,然后摆动双臂,双脚蹬地尽力向前跳,测量起跳线距后脚脚跟之间的直线距离(图6-6)。测试两次,取最大值,记录以厘米为单位,不计小数。

4. 网球掷远:反映幼儿上肢、腰腹肌肉力量及身体协调性。本项目使用网球和卷尺测试。在平坦的地面上画一个长20米、宽6米的长方形,在长方形内,每隔0.5米画一条横线,以一侧端线为投掷线(图6-7)。

图6-6 立定跳远测试

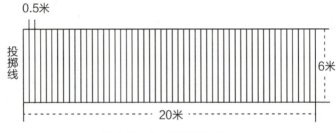

图6-7 网球掷远测试场地

测试时,受试者面向投掷方向,两脚前后分开,站在投掷线后约一步距离,单手持球举过头顶,尽力向前掷出(图6-8)。球被掷出时,后脚可以向前迈出一步,但不能踩在或越过投掷线,有效成绩为投掷线至球着地点之间的直线距离。如果球的着地点在横线上,则记录该线所标示的数值;如果球的着地点在两条横线之间,则记录靠近投掷线的横线所标示的数值;如果球的着地点超过20米长的测试场地,可用卷尺丈量;如果球的着地点超出场地的宽度,则重新投掷。测试两次,取最大值,记录以米为单位。

图6-8　网球掷远测试

5. 双脚连续跳：类似"兔子跳"游戏，这项测试不仅可以反映幼儿下肢肌肉力量，还可以反映身体协调性。双脚连续跳使用卷尺和秒表测试。在平坦的地面上每隔0.5米画一条横线，共画10条，每条横线上横置一块软方包，在距离第一块软方包20厘米处设立起跑线（图6-9）。

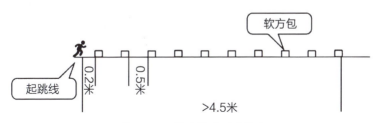

图6-9　双脚连续跳测试场地

测试时，受试者两脚并拢，站在起跳线后，当听到"开始"口令后，双脚同时起跳，双脚一次或两次跳过一块软方包，连续跳过10块软方包（图6-10）。测试员视受试者起动开表计时，当受试者跳过第十个软方包双脚落地时，测试员停表。记录以秒为单位，保留小数点后一位，小数点后第二位数按"非零进一"的原则进位。

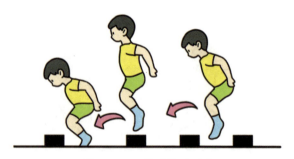

图 6-10 双脚连续跳测试

6. 走平衡木：反映幼儿平衡能力，使用高 30 厘米、宽 10 厘米、长 3 米的平衡木和秒表测试。测试时，受试者站在平台上，面向平衡木，双臂侧平举，当听到"开始"口令后，前进（图 6-11）。测试员视受试者起动开表计时，当受试者任意一个脚尖超过终点线时，测试员停表。记录以秒为单位，保留小

图 6-11 走平衡木测试

数点后一位，小数点后第二位数按"非零进一"的原则进位。

六、评分标准

幼儿身体素质评分标准包含 5 个等级，其中"优秀"得 5 分，"良好"得 4 分，"中等"得 3 分，"及格"得 2 分，"差"得 1 分。表 6-5 至表 6-18 呈现了 3~6 岁男女生身体素质（体质）测试评分。数据来源于国家体育总局编的《国民体质测定标准手册》（幼儿部分）。

表6-5　国民体质测试评价表(3岁男生)

项目	优	良	中	及格	差
坐位体前屈（厘米）	>14.9	14.9~11.7	11.6~8.6	8.5~4.9	4.8~2.9
10米折返跑（秒）	<8.0	8.0~9.0	9.1~10.2	10.3~12.8	12.9~15.8
立定跳远（厘米）	>76	76~59	58~43	42~30	29~21
网球掷远（米）	>5.5	5.5~4.0	3.5~3.0	2.5~2.0	1.5
双脚连续跳（秒）	<6.6	6.6~9.1	9.2~13.0	13.1~19.6	19.7~25.0
走平衡木（秒）	<6.6	6.6~10.5	10.6~16.8	16.9~30.0	30.1~48.5

表6-6　国民体质测试评价表(3岁女生)

项目	优	良	中	及格	差
坐位体前屈（厘米）	>15.9	15.9~13.0	12.9~10.0	9.9~6.3	6.2~3.2
10米折返跑（秒）	<8.2	8.2~9.3	9.4~10.5	10.6~13.4	13.5~16.8
立定跳远（厘米）	>71	71~55	54~40	39~29	28~21
网球掷远（米）	>5.0	5.0~3.5	3.0~2.5	2.0~1.5	1.0
双脚连续跳（秒）	<7.1	7.1~9.7	9.8~13.4	13.5~20.0	20.1~25.9
走平衡木（秒）	<6.9	6.9~10.7	10.8~17.3	17.4~32.4	32.5~49.8

表6-7　国民体质测试评价表（3.5岁男生）

项　　目	优	良	中	及格	差
坐位体前屈（厘米）	>14.9	14.9～11.6	11.5～8.5	8.4～4.7	4.6～2.7
10米折返跑（秒）	<7.5	7.5～8.3	8.4～9.4	9.5～11.3	11.4～14.0
立定跳远（厘米）	>84	84～70	69～53	52～35	34～27
网球掷远（米）	>5.5	5.5～4.5	4.0～3.0	2.5～2.0	1.5
双脚连续跳（秒）	<6.1	6.1～8.2	8.3～11.1	11.2～16.9	17.0～21.8
走平衡木（秒）	<5.9	5.9～9.3	9.4～15.0	15.1～27.0	27.1～41.1

表6-8　国民体质测试评价表（3.5岁女生）

项　　目	优	良	中	及格	差
坐位体前屈（厘米）	>15.9	15.9～13.0	12.9～10.0	9.9～6.3	6.2～3.5
10米折返跑（秒）	<7.7	7.7～8.6	8.7～9.7	9.8～12.0	12.1～14.9
立定跳远（厘米）	>81	81～65	64～50	49～34	33～25
网球掷远（米）	>5.0	5.0～4.0	3.5～3.0	2.5～2.0	1.5
双脚连续跳（秒）	<6.2	6.2～8.4	8.5～11.2	11.3～17.0	17.1～21.9
走平衡木（秒）	<6.1	6.1～9.6	9.7～15.0	15.1～27.4	27.5～40.4

表6-9　国民体质测试评价表(4岁男生)

项　目	优	良	中	及格	差
坐位体前屈（厘米）	>14.9	14.9～11.5	11.4～8.5	8.4～4.5	4.4～2.4
10米折返跑（秒）	<6.9	6.9～7.6	7.7～8.5	8.6～10.1	10.2～12.4
立定跳远（厘米）	>95	95～80	79～65	64～47	46～35
网球掷远（米）	>6.0	6.0～5.0	4.5～4.0	3.5～3.0	2.5～2.0
双脚连续跳（秒）	<5.6	5.6～7.0	7.1～9.1	9.2～13.1	13.2～17.0
走平衡木（秒）	<4.9	4.9～7.3	7.4～11.5	11.6～21.5	21.6～33.2

表6-10　国民体质测试评价表(4岁女生)

项　目	优	良	中	及格	差
坐位体前屈（厘米）	>15.9	15.9～13.0	12.9～10.0	9.9～6.0	5.9～3.4
10米折返跑（秒）	<7.2	7.2～8.0	8.1～9.0	9.1～10.8	10.9～13.2
立定跳远（厘米）	>89	89～74	73～60	59～44	43～32
网球掷远（米）	>5.0	5.0～4.5	4.0～3.5	3.0～2.5	2.0
双脚连续跳（秒）	<5.9	5.9～7.3	7.4～9.5	9.6～13.4	13.5～17.2
走平衡木（秒）	<5.3	5.3～8.1	8.2～12.2	12.3～22.5	22.6～32.2

表6-11　国民体质测试评价表（4.5岁男生）

项目	优	良	中	及格	差
坐位体前屈（厘米）	>14.4	14.4～11.0	10.9～8.0	7.9～4.2	4.1～1.8
10米折返跑（秒）	<6.7	6.7～7.2	7.3～8.0	8.1～9.7	9.8～11.8
立定跳远（厘米）	>102	102～89	88～73	72～55	54～40
网球掷远（米）	>8.0	8.0～6.5	6.0～4.5	4.0～3.0	2.5
双脚连续跳（秒）	<5.3	5.3～6.4	6.5～8.1	8.2～11.2	11.3～14.5
走平衡木（秒）	<4.3	4.3～6.2	6.3～9.6	9.7～17.8	17.9～28.4

表6-12　国民体质测试评价表（4.5岁女生）

项目	优	良	中	及格	差
坐位体前屈（厘米）	>16.0	16.0～13.0	12.9～10.0	9.9～6.0	5.9～3.0
10米折返跑（秒）	<7.0	7.0～7.6	7.7～8.5	8.6～10.2	10.3～12.4
立定跳远（厘米）	>96	96～81	80～68	67～50	49～40
网球掷远（米）	>5.5	5.5～4.5	4.0～3.5	3.0～2.5	2.0
双脚连续跳（秒）	<5.5	5.5～6.7	6.8～8.5	8.6～11.9	12.0～14.9
走平衡木（秒）	<4.7	4.7～6.9	7.0～10.1	10.2～18.6	18.7～26.5

表6-13　国民体质测试评价表（5岁男生）

项　目	优	良	中	及格	差
坐位体前屈（厘米）	>14.4	14.4～11.0	10.9～7.6	7.5～3.5	3.4～1.1
10米折返跑（秒）	<6.4	6.4～6.9	7.0～7.6	7.7～8.9	9.0～10.3
立定跳远（厘米）	>110	110～96	95～80	79～65	64～50
网球掷远（米）	>9.0	9.0～7.5	7.0～5.5	5.0～4.0	3.5～3.0
双脚连续跳（秒）	<5.1	5.1～5.9	6.0～7.2	7.3～9.8	9.9～12.5
走平衡木（秒）	<3.7	3.7～5.2	5.3～7.8	7.9～14.0	14.1～22.2

表6-14　国民体质测试评价表（5岁女生）

项　目	优	良	中	及格	差
坐位体前屈（厘米）	>16.6	16.6～13.2	13.1～9.7	9.6～5.5	5.4～3.0
10米折返跑（秒）	<6.7	6.7～7.2	7.3～8.0	8.1～9.6	9.7～11.2
立定跳远（厘米）	>102	102～89	88～75	74～60	59～50
网球掷远（米）	>8.5	8.5～6.0	5.5～4.5	4.0～3.5	3.0～2.5
双脚连续跳（秒）	<5.2	5.2～6.1	6.2～7.5	7.6～10.0	10.1～12.7
走平衡木（秒）	<4.1	4.1～5.7	5.8～8.2	8.3～14.0	14.1～23.7

表6-15　国民体质测试评价表（5.5岁男生）

项　目	优	良	中	及格	差
坐位体前屈（厘米）	>14.4	14.4～11.0	10.9～7.6	7.5～3.3	3.2～1.0
10米折返跑（秒）	<6.2	6.2～6.7	6.8～7.3	7.4～8.5	8.6～10.0
立定跳远（厘米）	>119	119～103	102～90	89～70	69～56
网球掷远（米）	>10.0	10.0～8.0	7.5～6.0	5.5～4.0	3.5～3.0
双脚连续跳（秒）	<4.9	4.9～5.6	5.7～6.8	6.9～9.3	9.4～11.9
走平衡木（秒）	<3.3	3.3～4.5	4.6～6.7	6.8～12.0	12.1～19.2

表6-16　国民体质测试评价表（5.5岁女生）

项　目	优	良	中	及格	差
坐位体前屈（厘米）	>16.7	16.7～13.0	12.9～9.7	9.6～5.5	5.4～3.0
10米折返跑（秒）	<6.4	6.4～6.9	7.0～7.6	7.7～9.0	9.1～10.5
立定跳远（厘米）	>109	109～96	95～82	81～66	65～54
网球掷远（米）	>8.5	8.5～6.5	6.0～5.0	4.5～3.5	3.0
双脚连续跳（秒）	<4.9	4.9～5.7	5.8～6.9	7.0～9.2	9.3～11.5
走平衡木（秒）	<3.6	3.6～5.0	5.1～7.4	7.5～12.5	12.6～20.1

表6-17 国民体质测试评价表(6岁男生)

项 目	优	良	中	及格	差
坐位体前屈（厘米）	>14.4	14.4～10.5	10.4～7.1	7.0～3.2	3.1～1.0
10米折返跑（秒）	<5.8	5.8～6.2	6.3～6.8	6.9～7.9	8.0～9.4
立定跳远（厘米）	>127	127～111	110～95	94～79	78～61
网球掷远（米）	>12.0	12.0～9.5	9.0～7.0	6.5～4.5	4.0～3.5
双脚连续跳（秒）	<4.4	4.4～5.1	5.2～6.1	6.2～8.2	8.3～10.4
走平衡木（秒）	<2.7	2.7～3.7	3.8～5.3	5.4～9.3	9.4～16.0

表6-18 国民体质测试评价表(6岁女生)

项 目	优	良	中	及格	差
坐位体前屈（厘米）	>16.7	16.7～13.0	12.9～9.6	9.5～5.4	5.3～3.0
10米折返跑（秒）	<6.1	6.1～6.5	6.6～7.2	7.3～8.5	8.6～10.2
立定跳远（厘米）	>116	116～101	100～87	86～71	70～60
网球掷远（米）	>8.0	8.0～6.5	6.0～5.0	4.5～3.5	3.0
双脚连续跳（秒）	<4.6	4.6～5.2	5.3～6.2	6.3～8.3	8.4～10.5
走平衡木（秒）	<3.0	3.0～4.2	4.3～6.1	6.2～10.7	10.8～17.0

图书在版编目(CIP)数据

亲子运动游戏/刘继勇,陆大江主编.—上海:复旦大学出版社,2021.3(2023.2 重印)
ISBN 978-7-309-15458-0

Ⅰ.①亲… Ⅱ.①刘… ②陆… Ⅲ.①游戏课-学前教育-教学参考资料 Ⅳ.①G613.7

中国版本图书馆 CIP 数据核字(2020)第 269944 号

亲子运动游戏
刘继勇 陆大江 主编
责任编辑/赵连光

复旦大学出版社有限公司出版发行
上海市国权路 579 号 邮编:200433
网址:fupnet@fudanpress.com http://www.fudanpress.com
门市零售:86-21-65102580 团体订购:86-21-65104505
出版部电话:86-21-65642845
上海丽佳制版印刷有限公司

开本 890×1240 1/32 印张 5.75 字数 119 千
2021 年 3 月第 1 版
2023 年 2 月第 1 版第 2 次印刷

ISBN 978-7-309-15458-0/G·2194
定价:38.00 元

如有印装质量问题,请向复旦大学出版社有限公司出版部调换。
版权所有 侵权必究